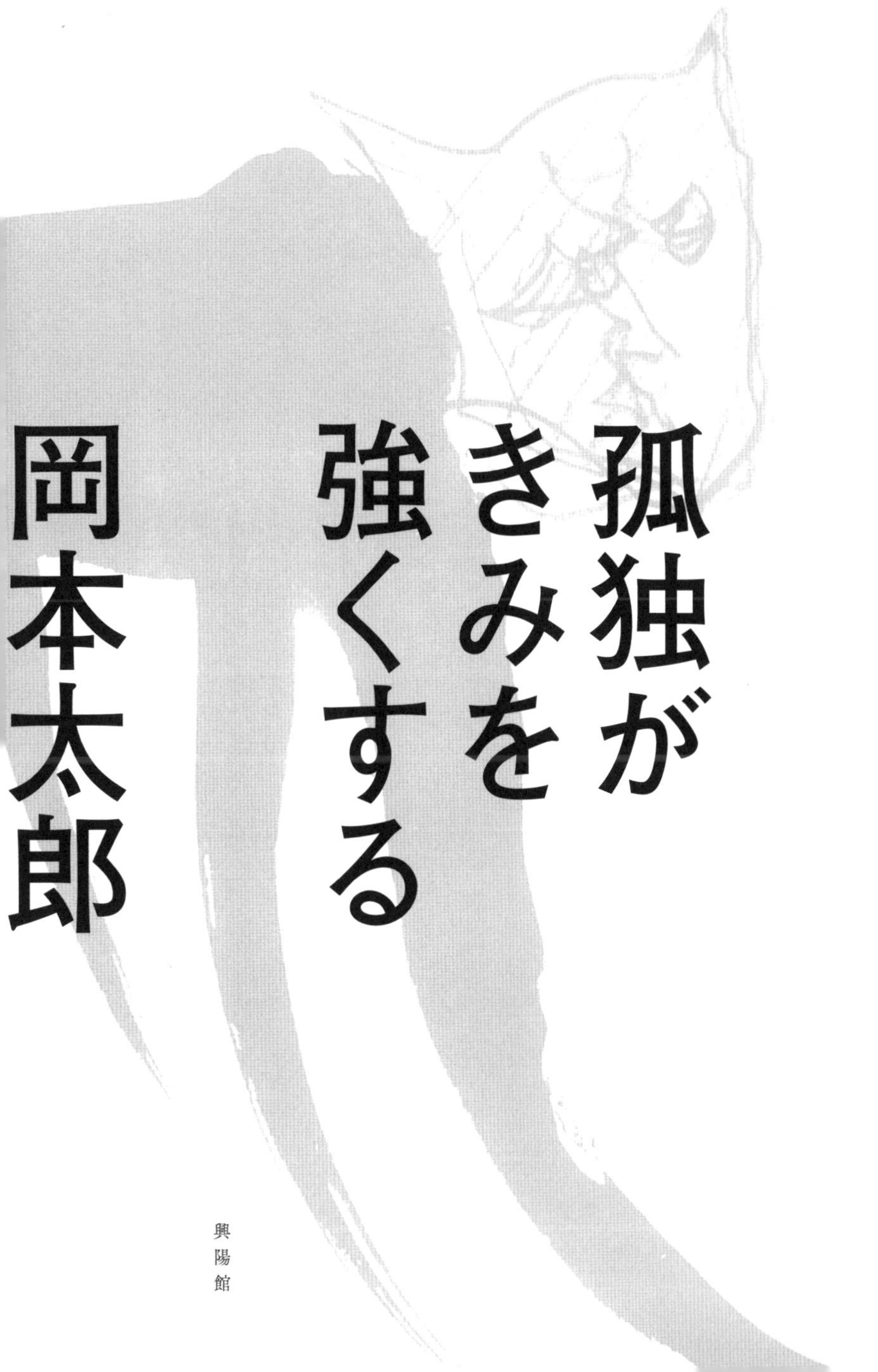

孤独がきみを強くする

岡本太郎

興陽館

孤独はただの寂しさじゃない。
人間が強烈に生きるバネなんだ。

プロデュース・構成　平野暁臣

第1章「孤独」ってなんだ

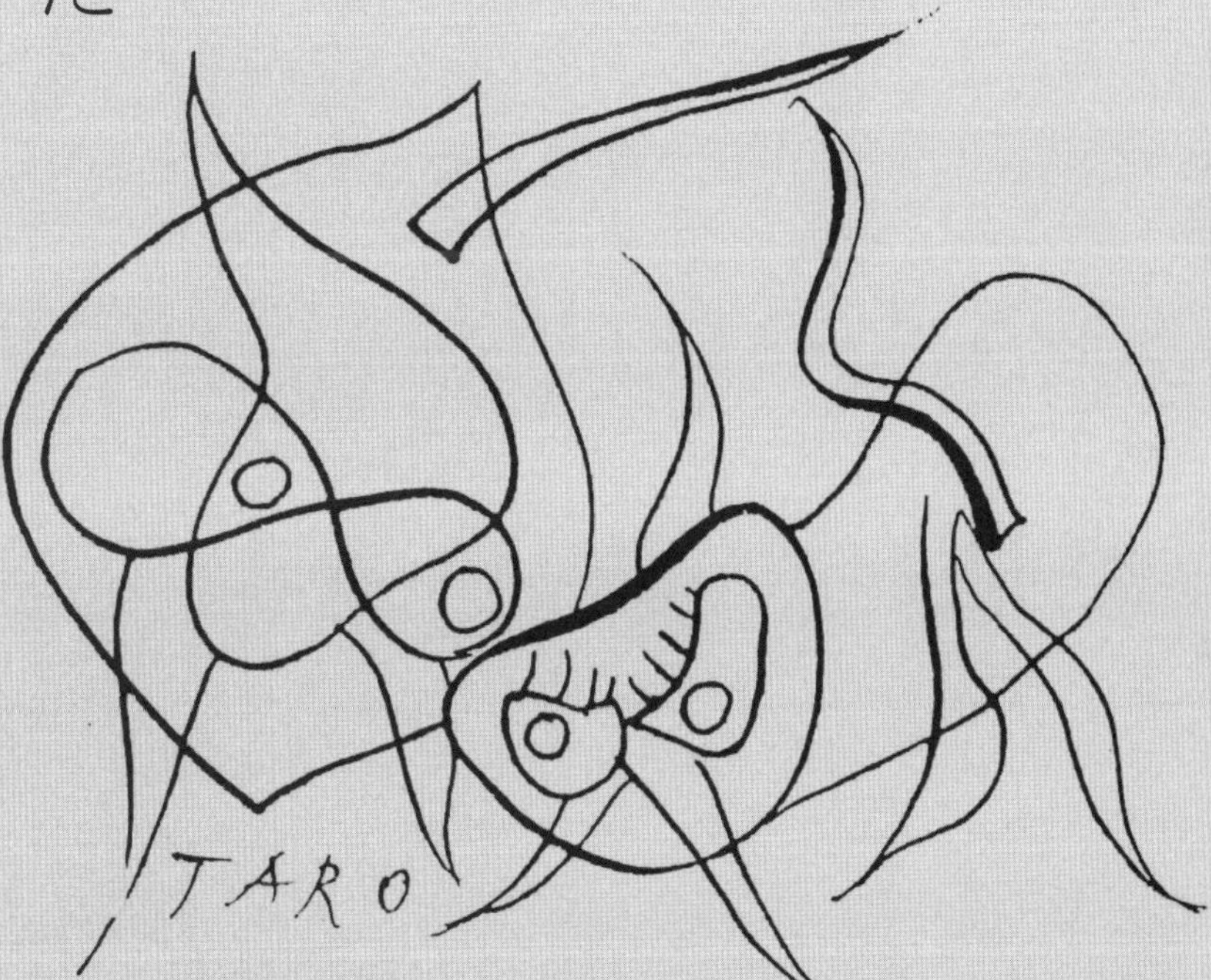

孤独をつらぬけば、それは魅力になる。

孤独を純粋につらぬけばつらぬくほど、それは魅力になる。

その過程では他とぶつかりあうだろうが、それを怖れて引っこんだり、ごまかしてしまってはダメだ。

孤独をつらぬく人間は、この世の中では珍しい存在だ。

孤独感をもつ人間はたくさんいるが、ほんとうの意味で「孤独」をつらぬく人間はなかなかいるものじゃない。

ほんとうの孤独とは、すべてに妥協しないで自分をつらぬいていくこと。

そうすることで、その姿勢が相手に染みこんでいく。

逆に他人と自分をごまかそうとすると、コンプレックスのある孤独感をもってしまう。

孤独感をつらぬくんじゃなくて、孤独をつらぬくんだ。

ほんとうに自分をわかっているのか？

だれでも、「誤解されたくない」と言うだろう。

「私はそんな人間じゃありません」なんて憤然としたり、「あいつはおれを誤解している」と恨みがましくめそめそしたり。

だけど、じゃあ自分の知っている自分って、いったい何なんだい？

どれだけ自分がわかっている？

せいぜい、自分をこう見てもらいたいという、願望のイメージなんだよ。

そんなものは叩きつぶしてしまわなければ、社会とは闘えない。

自分がどう見られているかじゃなくて、自分はこれをやりたい。やる。

やりたいこと、やったことだけが自分なんだ。

誤解される分量に応じて、人は強く、豊かになる。

誤解される人の姿は美しい。
人は誤解を恐れる。
だが、ほんとうに生きる者は、とうぜん誤解される。
誤解される分量に応じて、
その人は強く豊かなのだ。
誤解の満艦飾となって、
誇らかに華やぐべきだ。

個性的であることを怖れるな。

みんな個性的であることを怖れる。
そのくせ、ちょっとひねって、自分をいささか生かそうとする。
だから、萎縮しながらおたがいが殺しあってしまうんだ。
遠慮しないで、もっと好きな色をひらききればいい。
どんな色だって、色自体に良い色も悪い色もありはしない。
自分のほんとうに好きな色調を、平気で、
自信をもって生活に押し出すと、これが輝いてくる。
それぞれの個性が、楽しくぶつかりあえば、
全体にハーモニーが浮かび上がる。

純粋、潔癖。それをむき出しに行動する。

自分が純粋にものを考え、行動しようとすればするほど、
世の中は反対に動いてくる。
今日でも、ぼく自身、非常に純粋であり、潔癖だ。
それをむき出しに行動している。
そう信じている。
だがそういう人間こそ逆に、ハッタリだとか、
インチキだとかいう罵言《ばげん》を浴びせられる。
自分の思ったことを純粋につらぬき、
押しとおしていく以外にどうしようもない。
そういう運命を決意する。

いつ死んでも悔いはない、他人におべっかなんて使わない。

ぼくはいつ命がなくなってもかまわない。
たったいま死んでも悔いのない、瞬間瞬間を生きてきたつもりだ。
火山が猛烈にふき出して、あとは静かになってしまうような、命の燃焼が大切なんだ。

他人におべっかなんか使わない。
自分のプライドに納得のいく生き方を選ぼうと思う。

孤独こそ人間が強烈に生きるバネだ。

孤独はただの寂しさじゃない。
人間が強烈に生きるバネだ。
孤独だからこそ、全人類と結びつき、
宇宙に向かってひらいていく。
芸術とか哲学とか思想なんて、
みんな孤独の生み出した果実だ。

人に好かれようと思うな。

純粋で激しい主張は、
他から承認されることは、まず不可能だ。
ひとつ方法がある。
人に理解されたり、喜ばれることを求めず、
むしろ承認されないことを前提として、
猛烈につき出すのだ。
ぼくは言いたい。
人に好かれようと思うな。

ほんとうに生きる、なまなましい、いのちの感動。

純粋に生きようとすればするほど、とんでもない誤解を受ける。
だれだって誤解されるのはいやだ。
誤解を恐れて、自分が思ったことをストレートに表現しなくなる。
誤解されないように、と他人の目や思惑を気にして行動する。
やることがむなしくなってしまう。
それじゃほんとうに生きる、なまなましい、いのちの感動なんてひらくはずがない。

誤解するなら、してみろ！

誤解こそ運命の飾りだと思って、
己《おの》れをつらぬいて生きてみればいいんだ。

成功は絶望に等しい。

ほんとうに生きるということは、
環境に迎合したり、
安易に受け入れられ、好かれたりすることではない。
ぼくは、いわゆる成功はむしろ絶望に等しいと思っている。
いつでも計算を超えた無目的な闘い、
あらゆる対象への無条件の挑みをつづけることが人間的であり、
生きがいであると信じている。

名前なんかいらないんだよ。

いいねえ。
次に生まれてくるときは、ああいう鳥になりたいね。
あいつには、名前なんか無いんだよ。
おれは岡本太郎だ、なんて思って飛んでるんじゃない。
ただ、こう羽をひろげて、浮かんでる。
これからどこへ行かなきゃとか、あの約束はどうしようとか、
そんなことはなにも考えない。
いいなあ。

闘うことで強くなれる。

いつも八方に向かって問題をぶっつけていきたい。

闘っている男でありたい。

日本の社会では、人間的に〝練れている〟とか〝角《かど》がない〟という評価を得ることが、人格の理想像とされている。

ぼくにはそれがおもしろくない。

とくに芸術家の場合、そんな円満な人間になっちゃいけない。

社会的にも自分自身に対しても、つねに闘っていなければいけない。

ぼくは自分の絵がまとまってきたら、それをぶちこわそうとがんばる。

角がとれた自分自身に喧嘩をふっかける。

自分と対決する。

この緊張感が仕事の支えになっていくんだ。

バカな自分を堂々と押し出すのがプライドだ。

プライドとは絶対感だと思う。

バカであろうと、非力であろうと、それが自分だ、そういう自分全体に責任をもって、堂々と押し出す。

それがプライドだ。

ところが自尊心だとかプライドだといいながら、まるで反対のことを考えている人間が多い。

他人に対して自分がどうであるか、つまり、他人は自分のことをどう見ているかなんてことを気にしていたら、絶対的な自分はなくなってしまう。

プライドがあれば、他人の前で自分をよく見せようとする必要なんかないのに、他人の前に出ると、自分をよく見せようと思ってしまうのは、その人間にコンプレックスがあるからだ。

自分はなんてバカな奴だといいながら、そのくせ内心では、こっそり、いや、そんなこともないかもしれない、なかなかどうして、なんて思っている。
そういう複雑に絡みあったものがコンプレックスだ。

〝ほんもの〟なんてものはない。

ひとはみな〝ほんもの〟を求めている。
だが、いい加減のところで状況に妥協し、仮りのもので我慢してしまう。
なぜか。
〝ほんもの〟があると思っているからだ。

〝ほんもの〟なんてものはない。
絶対的な生き方を求め、それに自分を賭《か》けるってことがあるだけだ。
そうすれば、ナマのものが眼の前にあらわれてくる。
自と他がぶつかりあって、その瞬間の絶体絶命の場に浮かびあがる。
だから全身全霊を賭けなきゃいけない。
ほんものってのは自分から離れた、いわゆる、ものじゃないんだよ。

あらゆる響きと色彩をもってひらききれ。

視覚だけとか聴覚だけの感動なんて、ほんとうじゃない。
自分のいのち全体、からだ全体で、
あらゆる響きと色彩をもってひらききる。
いつも、瞬間瞬間に。
だからぼくは、ただの音だけ、形だけの
気どった音楽会や展覧会には無関心なんだ。

絶望的に、挑め。

孤独と単独は違う。
孤独とは、絶対に社会的だ。
孤独者とは肉体的にも精神的にも、
他からの制約をだれよりも鋭く感じ、
それに傷つきながら、
なお絶望的に挑む人間のことだ。

世界は変えられなくても、自分自身は変えられる。

たとえ自分がどんなふうに生きて死のうが、
この非情な世界の動きにツメあとを残すことはありえない。
だから心配したり憤慨してなんになる。
なにもできない。
ただ生まれてきたから生きている——と、多くの人が現在の惰性的な状況を
自分自身に投影させて、むなしくなっている。
こういう生き方は無責任で不潔だ。
もし世界が変えられないとしても、変えることができるものがある。
自分自身だ。

生きることは寂しい。だからおもしろい。

人間は本来、孤独だ。
だれもが孤独で、たとえ集団のなかにいて、
いいポストを与えられていても孤独だ。
むしろいいポストを与えられている者ほど孤独と言っていい。
そういうところから、どう生きがいを見つけていったらいいのか。
自分の運命と闘えばいい。
寂しい寂しいというのは、自分に甘ったれてごまかしているだけだ。
それじゃあほんとうの闘いはできない。
生きることは寂しい。
おもしろいじゃないか。
ならばおれはやってやろうと思えば、自然と生きがいが湧いてくる。

そういうふうに発想を変えてみたらどうだい。
寂しいということは生きがいを見つける素晴らしいきっかけであり、
エネルギーだと思えば、勇気が湧いてくるだろう。

ほんとうに生きるために自分自身と闘え。

いままでの自分なんか、蹴トバシてやる。
そのつもりで、ちょうどいい。
自分に忠実だなんていう奴に限って、
自分を大事にして、自分を破ろうとしない。
社会的な状況や世間体を考えて自分を守ろうとする。
それでは駄目だ。
社会的な状況や世間体とも闘う、アンチである、と同時に
自分に対しても闘わなければならない。
これはむずかしい。きつい。社会では否定されるだろう。
だが、そういうほんとうの生き方を生きることが人生の筋だ。
自分に忠実に生きたいなんて考えるのは、安易で、甘えがある。
ほんとうに生きていくためには自分自身と闘わなければ駄目だ。

自分らしくある必要はない。
むしろ、〝人間らしく〟生きる道を考えてほしい。

自信なんて、もっちゃいない。

自分で自信があるなんて言ってる奴は、ほんとうの自信なんてもっていない。
自信がありそうに見える奴だって、ほんとうは自信をもてないから、
そう見せているだけだ。
自信のあるなしにかかわらず、そういうことをのり越えて生きる。
それがスジだ。
自信とは得意になることじゃない。
むしろ悲劇的になることだ。
ぼくはいつでも自分を悲劇的な状況に追いこんで生きている。
だから、俗にいう自信なんてものはもっちゃいない。
自分が置かれた状況は不当だし、
それに対して闘わなければならないと思っている。
だからこそ喜びを感じるんだ。

弱いなら、弱いままで進めば、勇気が出てくる。

憂鬱感や不安のない人間なんていやしない。

自分を大事にして、かばおう、うまくやろう、傷つきたくない、そう思うから不安になるんだ。

もし自分がヘマだったら〝ああ、おれはヘマだな〟と思えばいい。

もし弱い人間だったら〝ああ弱いんだな〟でいいじゃないか。

弱いからダメだとか、どうしてこう弱いんだろうと嘆いて、自分自身を責めることで慰め、ごまかしている奴が多いんだ。

そういうのは甘えだよ。

もっと平気で、自分自身と対決するんだ。

こんなに弱い、なら弱いまま、ありのままで進めば、逆に勇気が出てくるじゃないか。

未熟を決意する、それがほんとうに生きること。

もしきみが自分は未熟だと悩んでいるとしたら、
それは未熟であることをマイナスに考えている証拠だ。
ぼくにいわせれば、弱い人間とか未熟な人間のほうが、
はるかにふくれあがる可能性をもっている。
熟したものは無抵抗なものだ。
人間にはマイナスの面が多くある。
マイナス面があるからこそ、逆にファイトを燃やして、
目の前の壁と、面と向かって対決するわけだろ?
自分は未熟だから、と消極的になってしまったら、
未熟である意味がなくなってしまうじゃないか。
未熟を決意するのは、素晴らしいことだ。
空を翔ぶ鳥を見て、自分は鳥のように自由に空を翔べないと思う。

花盛りの樹を見ても、自分はあの花のようにまだひらいていないと思う。
そこから新たなファイトがわき起こってくる。
成功者よりも成功しない人間のほうがはるかに充実していける。
未熟ということをプラスの面に突きあげることが人間的であり、
素晴らしいことだと思わなければいけない。
この世の中に完成なんてものは存在しない。
完成なんて他人が勝手にそう思うだけ。
世の中を支配している〝基準〟という意味のない目安で、
他人が勝手に判断しているだけだ。
ほんとうに生きるとは、自分は未熟なんだという前提のもとに生きること。
それを忘れちゃいけない。
人間はだれもが未熟なんだ。

ひとりだけでは全体になりえない。

なにかの折に、孤独だなあ、と
言いようのない淋しさを噛みしめる。
なぜ淋しいんだろうか。
人間はみんなひとりで生まれてきたんだし、
結局はひとりで死んで行くしかない。
それが常態であるならば、淋しいはずなんかないのに。
ぼくは、人間がひとりだけでは全体になりえないからだと思う。
個体は完結しているように見える。
だが実はそうではないんだ。

みんな傷つき、傷つく予感をもって孤独だ。

大人は若者たちの切実さ、純粋さをわかろうとしないし、
若者は大人を信用しない。
えらそうなことを言うけれど、オテイサイだけじゃないか。
なにもつらぬいていない。
ごまかしが幅をきかせている。
不潔だ。
ただ若さは弱く、それに対して主張する力はない。
またそんな努力を必要とも思わない。
若者たちはただ象徴的に拒否する。「無意味」の形で。
やがて彼らはそのいやったらしい偽善の世界に入っていかなければならない。
みんな傷つき、傷つく予感をもって孤独だ。

敗れるとわかっていても、あえて行う、己れをつらぬく。

えらくなった、有名になった、日の丸をあげた、
成功することだけが根性だと思っている。
立身出世主義。
ひどく功利的だ。
「勝ちゃいい」という精神。
こんなふうに狭い、泥くさい必勝の信念が根性なら、
そんなものはない方がいい。
もちろん偉大な成功者は根性の人だったかもしれない。
しかし根性をつらぬいたがゆえに敗れた人だっている。
むしろ純粋であればあるほど、この世界では敗れざるを得ないのだ。
だが信念のためには、たとえ敗れるとわかっていても、
あえて行う、己れをつらぬくという、

そういう精神の高貴さがなくて、
なにが人間か、とぼくは言いたい。
敗れ、埋もれてしまった多くの人たち、
そして見えないところで、平気で、
人間の誇りの支えになっている人をこそ讃えたい。

純粋な心をごまかさない。

この世の中には、いい加減なことがいっぱいある。
不純なものと純粋なもののふたつの対立で成り立っているんだ。
世の中の不潔なもの、不純なものと、よほどの精神力をもって対応しないと、
自分の純粋さは保てない。
不純のなかでどう自分の純粋さをコントロールしていくか。
純粋な心をごまかさないこと。
自分自身の、ユニークなつらぬき方を見つけ出してほしい。

なれあいと断絶する。

深山の断崖を飛翔《ひしょう》する鷹をみてごらん。
運命を誇らしげに両翼にみなぎらせて宙を舞っている。
その姿は高貴だ。
人間をまったく無視して、人間とのなれあいを断絶している。
その生きざまに、ぼくは命のつながりを感じるんだ。

自己嫌悪なんて、自分を甘やかしてちゃダメだ。

自分はほんとにチッポケな、非力な、どうにもならない存在だ。
でもこの小さな一匹の蟻が胸から血を流して倒れるとき、
自分と一緒に世界が滅び去る——ぼくはそう実感する。
いや、決意するといったほうがいい。
自己嫌悪なんて、いい加減のところで自分を甘やかしていないで、
もっと徹底的に自分と闘ってみよう。
もりもりっとファイトがおこってきて、己れ自身をのり越えてしまうし、
自己嫌悪なんかふっとんでしまう。

その姿のまま、誇らしくなければならない。

人間はその数だけ、
それぞれ、その姿のまま、
誇らしくなければならない。

順番なんか、ボイコットしろ。

校庭に出る。
足の速い子、キャッチボールのうまい子、高く跳べる子は、
ひろい場所で自由自在だ。
けれどそうでないのは、隅っこに小さくなって、遠慮している。
ここでも「順位」だ。
教室と庭とでは、位置がたいてい逆になる。
かわいそうなのは、どっちにいってもミソッカスにされる多くの子たちだ。
お前はダメ、きみはダメというのを叩き込まれて、
やっぱりオレはダメなのかな、とついに思い知らされてしまう。
この世に生まれたときはだれでも、
自分と宇宙がまるでおなじ大きさのように、
のびのびとふくらんでいたのに。

しかも、卑劣にも家庭にまで通知して、身の置きどころをなくさせる。
家に帰ると、両親が口をトンがらせて、
「お前はダメだそうじゃないか」と怒鳴る。
親まで共謀して、みずみずしい人間性をスポイルさせ、劣等感を叩き込む。
順番なんて、人間の価値とはなんの関係もないんだ。

孤独を選べ、群れで甘えあうな。

ぼくは昔から、ぜんぜん動物を飼わなかったわけじゃない。小さい頃、家で犬を飼っていたことを覚えているし、アヒルを飼ったこともある。そのなかで、おもしろかったのはカラスだ。

ペットとして飼ったわけじゃない。このカラスは長野県の田舎からもらってきたものでね。その田舎の人は、ヒナのとき、草むらに落ちているのを拾いあげて、放し飼いにしていたんだ。

ぼくがそばに寄ると、目をむいてくちばしをパッとひらいて、威嚇するようにガアガア鳴いた。野生の生きものがもつ、自己防衛本能のムキ出しの激しさだ。それでいて、親羽が切ってあるので、足を片方ずつもちあげながら、ヒョコヒョコと歩く。それがまるで魔法使いの老婆のような歩き方でね。とても滑稽だった。

じっと見ていると生きものの力強さと、悲しさ、このふたつがぼくに直接響いてきた。そのとき、ぼくはふと、このカラスとつきあってみたいと思ったんだ。それでもらってきた。庭で放し飼いにしたんだ。

このカラスがなかなかのイタズラ者で、好奇心が旺盛なのか、やたら何でもくちばしでつっついて、首をかしげたりしてね。おもしろいんだな、その生態が。

餌はぼくがやったんだが、あるときウイスキーをやってみたんだ。ストレートじゃ強いと思ったから、水割りにして、試しにそのわきに水も置いておいた。どっちを飲むかと思って見ていると、飲むんだね、水割りを。味がわかるのか水割りの方ばかり、くちばしをチョコンチョコンとつっこんでは飲んでいる。

そのうちカラスの奴は酩酊してきた。おもしろいね、カラスでも酔っぱらうんだ。庭の上をあっちをヒョロヒョロ、こっちをヨロヨロ。それ以来、すっかり水割りが好きになったらしい。

餌のときはすぐには食べないで、くちばしでくわえていくと、木の根もとを掘って埋め、その上に枯葉などをひっぱってきてかぶせて、カムフラージュする。そしてまた、そしらぬ顔でヒョコヒョコとやってくる。

そのうち、人間のものマネをするようになった。外を「くずやーおはらい」などと、屑屋《くず》さんが声をあげてよく通る。この人間の言葉を、カラスがそっくりマネるんだ。屑屋さんかと思うと、庭のカラスがマネている。

ぼくの家に来てからも、こいつは野生の本能をもっていた。ぼくを敵愾《がい》心と親愛のまじりあった表情でみる。

ときどき、ぼくはカラスとにらめっこをした。じっと見つめていると、お互いの目に共感のようなものがひらめくんだ。そしてなんとも言いようのない孤独感を確認しあう。

カラスの目はいつも黒くて、いつも戦闘的で、ひとりぼっちだ。

ぼくはよく外国旅行などに出かけて、何ヵ月も家を留守にするだろう。ずいぶん前だが、外国へ行って帰ってきてみると、カラスはいなくなっていた。カラスがいた間、飼っているという意識を一度ももたなかった。ぼくはカラスと同居しているんだと思っていた。

カラスの方も、ぼくが餌をやっても、ペットのように、食べさせてもらっているというような卑しい態度は、みじんもみせなかった。ぼくを無視しているかのようでさえあった。

そこがよかったんだ。ペットを飼っているというヤニさがったムードは大嫌いでね。カラスも孤独ならぼくも孤独。

お互いに生きていて、でも、ときおり見つめあって、「そうか、お前も独りなんだな」と確認しあう。そのとき、鳥と人間の心がふれあう。きびしく生きているからそれがわかる。ペットのように人間の溺愛の庇護《ひご》のなかでは、どんな動物でもダメになる。人の顔色をうかがうようになるからね。

人間だって同じだよ。政治屋さんの集まりや文壇、画壇、楽壇の仲間意識、隣近所なんていうのは、みんな群れであり、甘えあっているんだ。

そんな中で純粋なものがつらぬけるはずがないだろ?

だから、ぼくは人間とペットの関係が嫌いなんだ。

ほんとうの憤りは純粋で美しい。

先生

おれ
もう先生きらいじゃ
おれ
きょう　めだまがとびでるぐらい
はらがたったぞ
おれ
となりのこに
しんせつにおしえてやっていたんやぞ
おれ
よそみなんかしていなかったぞ

先生でも　手ついてあやまれ
「しんじちゃんかんにんしてください」
といってあやまれ

これは、神戸市立東灘小学校二年生のおおつか・しんじ君の詩※である。鮮れつな詩だ。

怒りは純粋である。未熟だが、男らしい誇り。だれもがこどものときに経験した、「不当」への憤りだ。

ほとんど美しい表現。それは憎しみをふくまないからだ。憎しみは多くの場合、自己弁護である。この子は弁解しているのではない。激しい主張なのだ。さらに、もしあなたがよく読みとれば、この憤りには強烈な愛が裏づけられていることに気がつくだろう。

告発が詩のかたちをとったのは、いわゆる言葉にならない感情を、この枠によってはじめてうち出すことが出来るからである。

表現力をもたない激情、そのもどかしさが昇華され、表出されることによって、芸術が生み出されるのだ。

この詩を読んで、先生に対してなんて失礼な、と抵抗を感じる人がいるかもしれない。だが先生だから、あるいは大人だから尊敬しなければならないというのは古くさい形式主義だ。

それよりもこどもがこのように激しく、先生、大人に対して人間的に正当であることを要求している、その期待の純粋さに感動すべきだ。

大人といったって、だれもがかつてはこどもだったくせに、どうしてこのように燃えあがった精神の痛み、そして歓びを、忘れてしまっているのだろう。

「こども」をなにか自分たちとは違った、特別な動物であるかのように、外から観察し、甘やかし、たしなめたりする。

ぼくは、現代の多くの大人たちの、こどもに対する態度に、納得がいかない。

こどもは大人がご都合主義に思い描いているような「コドモ」ではけっしてないのだ。

大人はこどもに対して、ひどく油断している。

「こどもだから」「こどものくせに」という合言葉。

こどもの方はまさに逆である。大人に対して、はるかに誠実であり、鋭い。彼らは感受性において微妙であり、しかも意外に思慮深いのだ。そして一生けんめい、全力で大人を観察し、対応している。

大人はたしかにこどもにとって、万能の神格である。だから体当りするし、また大人になりたいと熱望する。

しかしこの神はしょっちゅうこどもを裏切る。

先日、ＮＨＫの番組で二十人ばかりの中学生たちと話しあったことがある。そのとき、ひとりの子がこんなことを言った。

「お母さんはよく、よその子をひきあいに出して、『誰々さんをごらん。あなたも見習いなさい』なんて怒る。そのくせ、ぼくがよその家のいいことをうらやましがると、『ひとの家はひとの家、自分のうちは自分のうち』なんて、言うんで、頭に来ちゃう」。

じっさい、非論理だ。親は自分で気づかないが、その言動はご都合主義で矛盾している。そんなことにも、こどもは真面目に悩み、絶望するのである。

親子こそ、かえってズレやすい。肉親だという安心感から、親はわが子に対しては不用心になる。家族制度にいやったらしさがあるとすれば、その甘え、互いが人間として真剣にたち向かわないで、枠の方によりかかってしまうことだ。なんとなくムードで惰性的にやって、それがうまく効果をあらわさないと、とたんにヒステリックに高圧的になったりする。

こどもは自分の考えていることを、まともに親にぶつけたい。だがほんとうに親が率直に受けてくれるかどうか、不安なのである。話そうとしても、なにか自分の気持ちと親の受けとり方がくい違ってしまう、という予感がある。中学生たちはまだいろいろと親に対する不満を言いあっていた。その平気な口ぶり、態度に、ぼくはかえって明るさとあたたかみを感じた。そこでぼくが家庭の形式主義のつまらなさについて言うと、ひとりの女の子がややとりすました口調で、

「でも、親はやっぱり親だから、敬愛しなきゃいけないと思います」

と発言した。ぼくは、

「おやおや、あなたはぼくよりもずっとオトナだ。しかし、もしあなたが母親だったとして、自分の子から、親だから敬愛するなんて言われたら、ガッ

カリでしょう。人間として尊敬し、愛されるのならうれしいけれど」と突っこんだ。

その子は、アアそうか、と素直に納得した。

輝いた顔をうれしそうにほころばせた。

放送がおわり、ぞろぞろとスタジオから引きあげるとき、二、三人の男の子がニコニコとそばによってきて、「ああ今日はとてもおもしろかった——またやりましょう」といった。その友だち同士みたいな口調に、私は明朗に笑ってしまった。

問題をぶつけあうとき、大人とこどもは対等なのだ。こどもは当然、未熟だ。しかしまともに精神がつかみあわなければならない。

だが多くの場合、大人の態度はいやったらしい。そして、にぶい。

こどもにインタビューしたり、話しかける時の先生やアナウンサーの口調など、典型的だ。

おっかぶせたような、のみこんだような。いつでも一定の距離を置いている。保護者のような顔つき。けっして、ムキになったり、本質論をぶつける、まともに言い争う、というように踏みこむことはしない。一線を引いた向こう側から、いやに寛大な調子で口をきくのだ。

「何々の問題について、いったい君たちはどう思うかな?」

「ああ、ナールホド。いまのは大変いい意見でした。ところで誰々さん——」

と、するりと交通整理をしてしまう。

わざと驚いた顔をしてみせたり、相づちを打つ。しかし、けっしてほんとうの感動でないことがはっきり表れている。その白々しさ、インギン無礼に、こどもが気がつかないとでも思っているのだろうか。

こどもに寛大ぶるなんて、ボウトクだ。

こどもに対してこそ、ポーズを捨てて、正面から取り組むべきだ。

大人が大人ぶれば、やがてこどもも心得て、わざとこどもを装う。

マセた演技だ。もう切実な相互のぶつかりあいは望めないのである。

※『せんせいけらいになれ』灰谷健次郎　角川文庫

コンペイ糖のようにトンがれ。

どうも日本では、まるくなることばっかりを尊重するらしい。「あの人は角《かど》がとれている」とか「練れている」ということが、ほめ言葉の味なものになっている。どうもおもしろくない。

とくに、ほんとうに仕事をする芸術家の場合、対社会的にも、自分自身に対しても、ぜったいにコンペイ糖でなければダメだ。

仕事をしていて、いつも痛感するのだが——、だんだん調子がそろってくると、角がとれて、画面に充実した気分が出てくる。抵抗がなくなってくる。絵はいつでも安易に完成したがるんだよ。

ぼくは逆に、それを危機と見て、まとまってくる絵をぶち壊してやろうと頑張る。そんなときは、自分で自分に喧嘩をふっかけるんだ。

コンペイ糖のようにトンがって、すでにできあがった自分自身とぎりぎりに対決する。その緊張が仕事を支える。

対社会の場でも、そうだ。

自分の立場や信念を純粋につらぬきとおし、独自な仕事を創造的に進めていこうとすれば、とうぜん、たいへんな無理解にぶつかる。

右から叩かれ、左からこづかれ、うしろから突きとばされる。

多くの作家はそういう抵抗に耐えかねて、無難な仕事のほうに逃げてしまう。だれにでも肌ざわりのいいように、手ぎわよく作品をまとめ、ひたすらまるく。

そういう作品は少しも本質的な矛盾をはらんでいず、退屈でやりきれない。

ぼくはそういう八方美人的態度を跳ねとばして、象徴的に、八方をがっかりさせるような態度をとり、満身に角を立てる。

はげしく自他に対決して、しゃにむに純粋さをぶつけていくと、事実、とうてい想像もできない、めちゃくちゃな反撃に出っくわす。

こちらは正しく対応していても、くだらない目にあったり、いやな思いをしなければならない。ぼくでさえ、ときどきは、まったく馬鹿馬鹿しいという気になることがある。

その馬鹿馬鹿しいな、という気持ちをもったとたんに、自分の精神のツノの一角が折れて、ふと、自分がまるくなるのではないか、とドキッとするんだ。もしまるくなってしまったら、生きている甲斐はないし、芸術なんかやる意味もない。だいいち岡本太郎じゃなくなってしまう。

あくまでも自分を主張することによって、他にも頑強に主張させ、そのぶつかりあいの上に、ほんとうに生きがいのある社会と、純粋で明朗な芸術をつくり出す。

それが憎まれっ子の役割だよ。

美しさは孤独を救えない。

エレーンヌは、パリのオペラ通りの婦人帽子店に勤めていた。
内気だが明るい、とてもしとやかな娘だった。
貴婦人を相手にしている店だったから、彼女の優雅なやさしさは、職業柄、
自然に身についたものかもしれないが、生来のやさしさをもっていた。
ぼくがパリに来て三年目のことだった。二十一歳のときだ。
まだ若かった。
希望に燃えていたが、なんといっても非力だ。
エレーンヌと同棲生活をつづけながらも、心は孤独に食い荒されていた。
そんななかで、彼女の美しさは、孤独なぼくには救いだった。
だが、それでも男は絶望的になる。
女が男に与える精神的なもの、肉体的なものは、
けっしてパーフェクトじゃない。

ぼくはぼくで必死に自分を模索し、彼女は精神的に肉体的に、ぼくの寂しさをいやそうとする。

しかし、そういう気持ちがわかればわかるほど、ぼくは孤独になっていく。

パリの春、美しい季節の訪れさえ、鉛のように重く感じられる。

現実に対する失望が、美しいエレーンヌへの情愛倦怠《けんたい》に転化されていたのかもしれない。

青春はうつろいやすく、さすらう心の時代だ。

それだけにまた得がたい時代でもあるんだ。

狭いタイトルのなかに、自分を閉じ込めるな。

〝絵描き〟なんて、おかしい。

〝評論家〟、さらに屈辱的だ。

なぜ狭いタイトルのなかに自分を、他を、閉じこめてしまおうとするのだろう。

そのほうが世渡りには好都合だ。

世間が安心して許すから。

しかし、そんなのおもしろくない。

だれでもが思う存分、四方八方に生きたらいいじゃないかと思う。

膨大な近代機構のなかで、職業分担がある。それは必要だ。

しかし専門家という格だけを信用する形式主義、権威主義は危険であり、馬鹿馬鹿しい。

悩んだら、もっと大きな悩みを求めて体当たりする。

人生くよくよしないこと。
小さな悩み、心配ごとにぶつかったら、
それよりももっと大きな悩みを求めて体当たりする。
すると、逆に気分がサラリとして、もりもりと快調になる。
精神をひらききること。
それが若さと健康のもとだ。

制約されるからこそ、内にたぎり、反逆する。

ぼくは誰ともおなじなりをする——背広を。
つまり〝かくれみの〟とするのだ。
これを着て「現代」を受け入れながら、
実質的にはねかえしていく。
制約されるからこそ、内にたぎり、反逆する情熱。
それを色、形、また言葉、行動として爆発させる。
だからかえって、本体は大衆のなかに所在不明でいたいのだ。
できるだけ平凡な、皆とおなじ形をして、
大衆のなかにまぎれ込んでしまいたい。
そして、そのなかで本質的に孤独であり、抵抗をつらぬく。
その方がぼくの好みにあっている。

ほしいのは、マグマのように噴出するエネルギーだ。

無償、無条件。

損得を考えたり、なにかいいものをつくろう、なんてケチくさいことは考えない。

それよりも、無条件に、自分が炎のように激しく、底の底から燃えあがる。

ぼくがほしいのは、そういうエネルギーだ。

あとはなにも要らない。

財産がほしいとか、地位がほしいとか、あるいは名誉なんてものは、ぼくは少しもほしくない。

ほしいのは、マグマのように噴出するエネルギーだ。

ツノをギラギラさせている石こそ、ほんものだ。

はじめは純粋なコンペイ糖でも、実社会の理不尽にぶつかっているうちに、あまりのえげつなさ、くだらなさ——マトモに相手になっても仕方がない、まあまあ、人生というものはこんなものだ。

かなり強情な人でもこうして卑俗な悟りをひらいていく。

この角《かど》のおちた面を利用して、お互いに滑って、本質的なぶつかりあいを避け、うまくやっていくようになる。

功利的ないやらしい根性だ。

相手もずるければこちらも結構ずるく、ずるい者同士で、世の中はまるく手を打ってしまう。

なんのことはない。低俗な世の中に、いつの間にか丸々といなされてしまったわけだ。わが国で「おとな」と称して、もののわかったようなそぶりをしているのは、たいていそういう連中なんだよ。

そんなことは人生の極意でも完成でもなんでもない。

河床のおびただしい砂利を見てごらん。

山奥で岩がくずれたばかりのときは、千変万化にとがっていても、それが谷川を転がされて、ながい年月かかって押し流され、川下に落ちつく頃には、あっちへぶつかり、こっちへぶつかり、次第に角がとれて、どれも平々凡々な丸になってしまう。

世の中の現象もおなじこと。精神力もヘチマもありやしない。

もし河原の見わたすかぎりの砂利の中で、すり減らされない結晶体のツノをギラギラさせている石があったら、それこそほんものだ。

変節しない者は孤独に輝き、孤独に傷つく。

英雄はこの世界において、単数であると同時に複数である。
彼を中心に、それを取りまいて世界が大きく波うつ。
彼の力によって、彼とともに世界が変わる。
世界はけっして彼に無関心ではあり得ない。
しかしその強力な渦の中心にあって、彼は孤独だ。
なぜだろう。
彼は彼の意志にしたがってのみ運命をひらき、
他を動かす彼の意見はみんなの意見ではない。
己れの力によって不可能を可能にする。
その危険を己れ一身に引き受ける。
だから孤独なんだ。
彼はその危険な賭け、決意の実現まで闘い抜くだろう。

時代が彼に逆行し、世の流れが変わっても、彼は殉じ、変節しない。
没落は死を意味しているが、しかし、状況に応じて態度を変えたり、
抜け道を考えて変節することはできないんだ。
他の者は去っても、彼は残る。
変節しない者は孤独だ。
孤独に輝き、孤独に傷つく。
シーザーにしてもナポレオンにしても、英雄は没落において孤独だが、
しかし栄光においても孤独だった。
「ブルータス、お前もか！」というあのシーザーの最後の声は、
ぎりぎりのところでこのような英雄の運命、男の運命、
その孤独を叫びつくしてやまない。
いまさら驚いているのではない。恨んでいるのでもない。
それは運命の確認といったらいいのだろうか。
まったく孤独を戦慄的に象徴した絶句だ。

逃げない、はればれと立ちむかう。

運命とは自分で切りひらいていくもの——というより、
向こうから覆いかぶさってくるたいへんな重荷だ。
圧倒的に重い。やりきれない。
だからこそ言いようなく惹きつけられるんだ。
それをまともに全身に受けとめ、自分の生きがいに転換するか、
あるいはていよく避けて逃げるか。
人間的な人間は、幸・不幸にかかわらず、まともに運命を受けとめる。
いわば無目的的にね。
それは自覚の瞬間でもある。
俗に「サイは投げられた」って言うだろ?
陳腐な表現だが、そのとおりだ。
いのちをしぼる大きな賭けに戦慄する。

そして、それを決意した瞬間から、殉じる。
猛烈につらぬきとおすこと。それが生きるってことだよ。
でなければ、すべてが嘘になる。
負い目でも、裏目でも、一回かぎりの賭け。
それに殉じることが生きるうえでのルールなんだ。
賭けるという行為は、とうぜん、無目的的だ。
もし目的的なら、それはもはや賭けではない。
「賭ける」以上は、一寸先は虚無だ。
ただひたすらに、盲目的に、自分のスジをとおすよりほかないんだよ。
賭けとおし、つらぬいて運命を生きる。
そのためにつまらぬ目にあい、不条理に痛めつけられても、
むしろ嬉しい条件として、笑ってつらぬきとおす人間でありたい。
ふりかかってくる災いは、あたかも恋人を抱き入れるように受ける。
それが人間のノーブレス（高貴さ）だ。
逃げない、はればれと立ちむかう。それがぼくのモットーだ。

孤独に傷つけられず、太陽に向かって飛ぶ。

カラスは群棲動物だが、群を統制するリーダーとか権力者というものはいないのだそうだ。

俗に「烏合の衆」という。

全体に統率がなく、多勢がただ無責任により集まっているだけの、無力な集団をいうが、本家のカラスの場合の「烏合の衆」は、けっしてそんな程度の低い、軽蔑すべきものではない。

とかく組織とか群とかいうと、権力、統制、隷属、親分・子分——と自動的に考えてしまうのは、人間の卑しさにすぎない。

カラスの群は大将も親分もいないで、自然にみんなの意志がある方向を示し、一定の行動をとる。なるほど群である。しかし統制されず、めいめいが独自。いわば理想的集団というべきだ。

ああ、人間社会！

専制での鉄の掟。義理人情のシガラミ。民主主義などとは言葉の上だけ、人間関係を支配する黒い霧。この世に誇り高く生まれてきたはずなのだが、永遠に自分自身にはなりきれない状態だ。

人間は孤独でいても、いつも群に規制される。

ところがカラスは生来ノーブルだ。

群を離れて一羽だけになっても、けっして惨めにならない。

わが家の庭にも一羽住んでいる。

飼われているのに人にもなれず、孤独にも傷つけられず、やりたいように庭中をかきまわして、毅然としている。

たまに野生のカラスが飛んできて、眼の前にとまって鳴きたてても、知らん顔している。眼をくるくるさせたまま。

「カラス」ではない、「自分」だ、というように。

東南アジア、また日本でも、カラスを死者の鳥、霊魂を太陽のもとに運ぶ鳥とする神話がある。そういう高貴で神聖な気配を、あの漆黒の身体に秘めている。たとえ群れていても、一羽一羽が、人間の死霊を負い、太陽に向かって飛ぶのである。
ぼくはときどき、この黒い鳥をじっと見つめる。
いつか、自分の魂を太陽のもとに運びかえしてくれる暗い生きもの。
わが窮極の友である。

いまがすべてだ。

いまがすべてだ。
いずれあるものならば、
いま、かならずある。
いまないものなら、
将来にも、ぜったいに、ない。

第2章　「生きる」ってなんだ

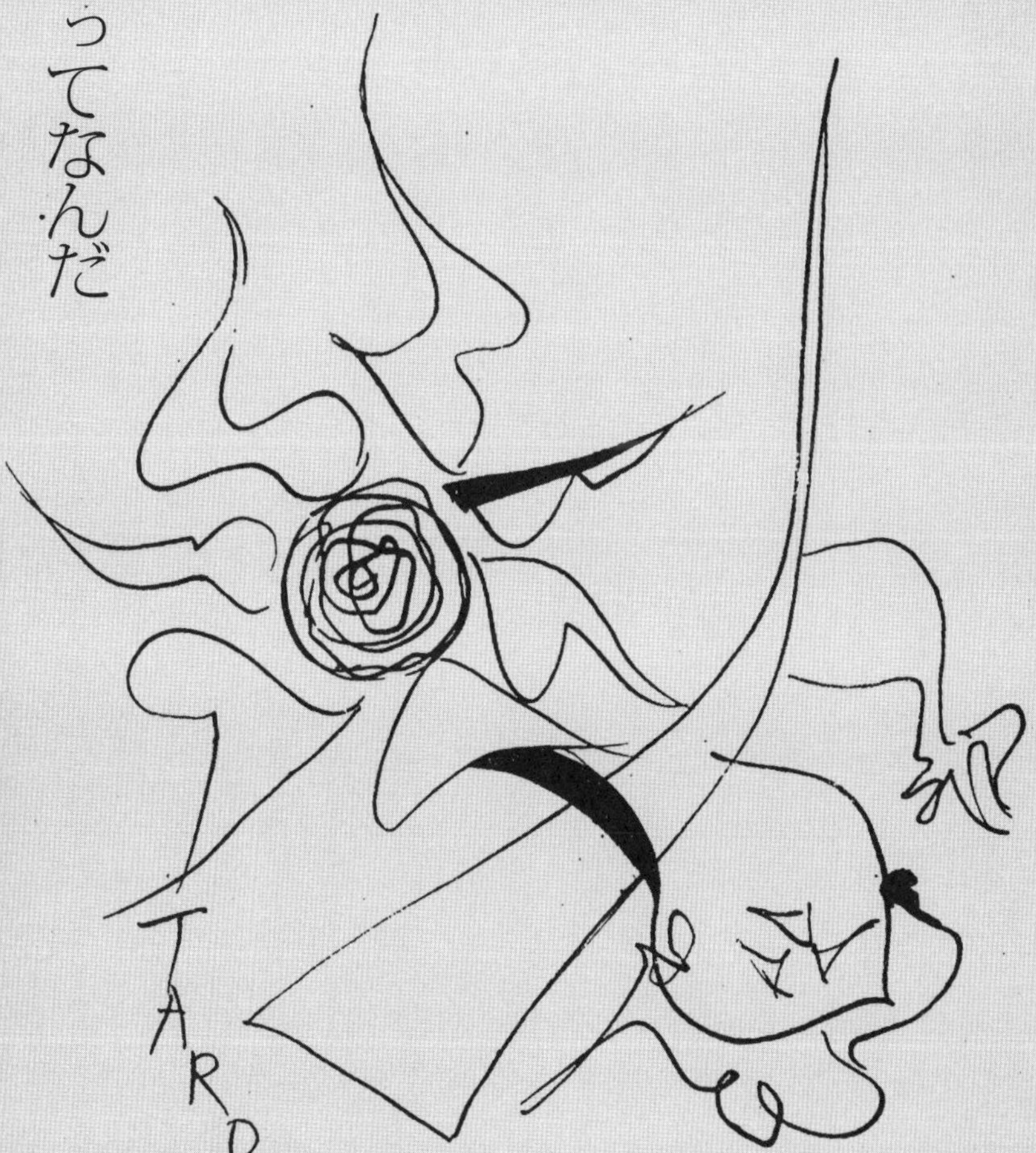

憤りを突き出せ。

世界をこの眼で見ぬきたい。

眼にふれ、手にさわる、すべてに猛烈に働きかけ、体当りする。

ひろく、積極的な人間像を自分自身につかむために。

純粋な衝動である。

そんな情熱が激しく噴出するとき、それは憤りの相を呈する。

だから、私は怒る。

また大いに怒らなければならないと思っている。

私は今日、憤るという純粋さを失い、怒るべきときに怒らないことによって、すくみ合い、妥協し、堕落している一般的なずるさと倦怠が腹立たしい。

世の中が怒りを失っていることに、憤りを感じるのだ。

憤り、己れをつらぬき、表現することこそ、最も純粋な人間の証しである。

憤りこそ人間行動の最初のモチーフだ。

言うべきことを言う。
憤りを、生きがいとしてつき出してゆく。
抵抗の火の粉を身にかぶる。
楽しいではないか。

人生は他人を負かすなんて、ケチくさいものじゃない。

人生は他人を負かすなんて、
ケチくさい卑小なものじゃない。
大切なのは、自分自身に打ち勝って、
自分の生きがいをつらぬくこと。
それがいちばん美しいことなんだよ。

人生は夢のような冒険である。

ぼくはしょっちゅう不思議な夢を見る。
目がさめてアッと思ったり、ふとわからなくなる。
いったいオレは夢のなかに生きてるのか、現実のなかに生きているのか。
人生は奇妙キテレツなものだ。
夢と現実のなかに、異様なバランスをとりながら生きているんだ。
目がさめていても、いつも夢を見ているし、
夢のなかでも、意外にマトモな筋を考えている。
人生・即・夢。
人生・即・冒険。

感動したものに挑む。

感動したものに挑むこと。
それが創造の真のスジだ。

勝って結構、負けて結構。

勝とうが負けようがどっちでもいい。
強いとか弱いなんて考えたこともない。
平気なんだ。
勝って結構、負けて結構。
ただ、完全燃焼、全力をつくす。
そういう主義をつらぬいている。

ノッピキならない立場に、自分を追いこめ。

謙虚とは、人のまえで、己れを無にするとか低く見せることでは絶対にない。むしろ自分の責任において、己れを主張することだ。そう断言します。

謙虚とは権力とか他人に対してではなく、自分自身に対してこそ、そうあらねばならないことなのです。

私は、これを身をもって示し、この習慣的な偽善と退屈さをたたきつぶそうと思っています。

そこで私は声たからかに、「おれこそ芸術家だ」「おれはピカソをのりこえている」と、まったく傍若無人《ぼうじゃくぶじん》に言いはなって、いわゆる「謙譲の徒」を呆然《ぼうぜん》とさせるのです。

しかし呆然としたのちに彼らは、これもまったく型どおりにせせら笑います。

私に同情して、「世の中なんて、なにもわかっちゃいないやつばっかりなん

だから、そんなこと言ったって信用されるわけじゃなし、かえってバカにさ

れるだけだ。損をするのはきみなんだから、まあ日本では調子をあわせ、人の前ではおとなしく頭をひくくして、てきとうにあしらっておいたほうがいい。そうすれば愛されもするし、たてまつられるものだよ」とか、「きみのようなことを言ったんじゃあ、日本では一流人物になれない。いままでそんなやりかたで一流になれた人はいないんだから。日本というのは、そういうところなんだ」などとたいへん親切に忠告してくれる人もあります。

なるほど、今日の権威を見わたしても、大義名分の立つときとか、同調者のある場合には純情なまでに腹の底を見せますが、こと自分自身にかんすることや、己れだけが責任を負わなければならない、そして、それによってこの日本でたった一人に孤立してしまうというようなことがら——そういうことは、じつに時々刻々に、われわれの目の前にあるのです——に関しては、まったく謙虚になり無口になってしまいます。

自分個人の責任に関しては身をひく人こそ、順番さえ待てば権威、つまり一流人物になりあがることができる。おめでたい国がらです。

日本的道徳では、一人でやるというのはよくないことのようです。どんなに正しいことでも、一人で主張したら絶対に成功しない。成功しないようなものは道徳的にも悪いのだと考える。なるほどこれでは、まっ先にやったものは、ひどい目にあいます。だから一人でやる、先鋭に、己れを主張するということがないのです。

この国の文化には責任の所在がどこにもない。奇妙なことです。戦争中、悲壮な面持ちで、聖戦を一手に引き受けたような勇ましさだった文化人が、終戦、とたんに、まるではじめから戦争反対者だったようなことを言う。――そう言えるという雰囲気はおどろくべきです。国をほろぼしても責任が無いなんて、まったくもって、結構なお体裁にできあがっています。しかも引きつづいて権威の座に謙虚におさまっているのです。

戦争に協力した、しないの事実はべつにしても、己れの責任ということを抜きにして、文化なんて、まったくチャンチャラおかしい。

「お互いに」とか、「みんなでやろう」とは、言わないことにしなければいけません。「だれかが」ではなく「自分が」であり、また「いまはダメだけれども、いつかきっとそうなる」「徐々に」という、一見誠実そうなのも、ゴマカシです。この瞬間に徹底する。「自分が、現在、すでにそうである」と言わなければならないのです。

現在にないものは永久にない、というのが私の哲学です。

逆に言えば、将来あるものなら、かならず現在ある。だからこそ私は将来のことでも、現在全責任をもつのです。

自分がそうであると公言することは、けっして得ではありません。およそ、その反対です。日本では、自分では言わないで人に言わせるというのが権威になる条件だからです。

他人や仲間に言わせることの名人はたくさんいます。本人が言ったのではは——しかしこれが一番正しいはずなのですが——けっして信用したがりません。なまいきだと反感をもつか、せせら笑うか、いずれにしても、あとは意地悪く、いつ、つまずくかと楽しみに見物しているやつらばかりです。

公言は公約です。「おれこそ芸術家である」と宣言した以上、それ以降のすべてのわざわいは、己れだけに降りかかってくる。だまっていれば無事にすんだものを。

しかし、ノッピキならない立場に自分を追いこまなければいけない。言ったばかりに徹底的に、残酷なまでに責任をとらなければなりません。

もし責任がとれなかったら、たいへんなアホウ、笑われ者になり、たちまち社会的信用を失ってしまいます。「世間はみんないいかげんなんだから、まあこのくらいで」などと調子をおろしたりすることはもちろん、人に同情を求めたり、よりかかったりすることはコンリンザイできません。あくまで自分の言葉にたいして百パーセント責任を負わなければならない。うぬぼれていられるどころではありません。

己れ自身に対しては逆に残酷に批判的で、つまり謙虚でなければならないのです。日本ではこれをとり違えて、謙虚というのは他人に対しての身だしなみくらいに思っている。だから、「いいえ、私なんか、とても……」などと言って安心させておいて、けっこう腹の中ではうぬぼれているか、でなければ、とことんまで卑屈になりさがっているかです。

自分を積極的に主張することが、じつは自分を捨ててさらに大きなものに賭けることになるのです。だから猛烈に自分を強くし、鋭くし、責任をとって問題を進めてゆくべきです。ただ自分を無にしてヘイヘイするという謙譲の美徳は、すでに美徳ではないし、今日では通用しない卑劣な根性です。すでに無効になった封建時代の道徳意識の型が陰気に根づよくのこっているのです。

よかれあしかれ、何ごとにつけても、まず飛び出し、自分の責任において、すべてを引きうける。こういう態度によってしか、社会は進みません。

しかし、飛び出すことによって、自分の責任をとるということは、容易なことではないんです。だから、みな「だれかがやらなければいけない」とか、「そういうときが来たらやるが、まだ時期ではない」とか言って、時代に先んじ、自分ひとりの信念で物事をやるという人がいない。これはたしかに、他の世界には見られない日本の特殊性であると思います。

さあやろう、と言って競技場に飛び出したのはいいけれど、気がついてみると、グラウンドのまん中に、ほんとうに飛び出したのは自分ただ一人。

エイクソ！　こうなれば孤軍奮闘！

ところで前方の敵とわたりあっていると、意外な方向からオチョッカイが出て、ステンとひっくりかえされます。味方にちがいないと思っている背後のほうから、こっそりなにかしらんが伸びてきて、足をすくうらしいのです。バカバカしい。いったい、これを日本的というのでしょうか。

しかし、このバカバカしさに、これからの人は、けっしてめげてはならないのです。

苦しみ、歓喜しながら、やりとげるからこそ、世界はひらける。

自然を見てもそうだ。
赤い花があれば、真っ青にひらくのもある。
たくましく枝をひろげる大木のそばに、
ささやかな蔓《つる》がからまっている。
洋々たる大河があり、せせらぎもある。
人間社会だって、それぞれが生命力のあふれるままに、
あらゆる合理、不合理にぶつかり、苦しみ、
歓喜しながら、やりとげるからこそ、
道徳が結晶し、世界はひらけていく。
それが人間のよろこびである。
豊かな人間像はそこにおのずとあふれてくる。

マイナスにとび込め。

スキーは危険なスポーツだ。

下手なら下手なりに、技術が向上すればするほどまた、自分の限界を超えたスピード、斜面やコブなど、さまざまのアクシデントに対応する、瞬間の決断が必要になる。

こわい、ダメだ、と思ったら、ぜったいにダメ。

はね飛ばされ、転倒してしまう。

とにかく命がけだ。

限界に挑んで身を投げ出し、瞬間瞬間に決意し、のり越えていく。

全身がチリチリと縮みあがるような、あるいはバーッと宙に炸裂するような、あのスリル、燃焼がなんともいえない。

それはまったく「死」と真正面に向かいあって遊ぶ——やらない人は笑うかもしれないが、そんな実感がある。たかがスポーツだが、人生そのものと似ているような気がする。

実際の社会生活、人生においては、もろもろのしがらみがあり、重い、しつこい因縁や愛憎、また計算が働く。スパッと死にとび込もうとしても、なかなかできるものではない。ただ、あれかこれかと迷うとき、思いきってマイナスを選ぶ、と決意することはできる。

大義名分や理屈をつけようとすると、とかく人間存在は弱いものだから、かならず危険を避けて、安全、自分の有利なほうに向かってしまうものだ。

だからぼくは、いささか乱暴に聞こえるかもしれないが、なんでもかんでも、とにかくマイナスだ、危険だと思われるほうにとび込んでしまうことに決めた。

そうすると生命《いのち》がパッとひらく。ぼくはその運命をつらぬいてきたつもりだ。

あらゆる生物が、この世界に生まれてきたということは、死ぬことを前提としている。ところが人間は、とかく一方の生きる面ばかりに執着して、死ぬということには目をそむけたがる。

生きてきた以上、死ぬことに賭けなきゃいけない。

でなければ生は輝かない。

自分を忘れ、自分自身になりきる。

人間の辛さというのは、つまらぬことでも覚えていること、忘れられないことだと思う。

人間があまりに人間的であるために、記憶によるさまざまの判断がまつわってくる。そして悔いたり、悲しんだり、またウヌボレたり、くじける。たくましい人間は過去にわずらわされない。

不幸な人間ほど、大きな、あるいは些細な悔いの群れがいつまでも残り、くっついてきて、それがだんだん拡大されてくる。

ついには被虐的に、それにしがみつき、現在しなければならないことを放っぽらかして、ひたすら悔やんでいる。

忘れることが人間のふくらみだ。

自分自身をのり越えるというのは、じつは己れ自身を忘れることだ。

自分を忘れることによって、自分自身になりきる。

なま身をぶち込み、賭ける。

まことに代用時代である。

ぼくは今日のスポーツのあり方に文句がある。

なんでもかんでもチャンピオンシステム。

この世界の何万分の一の人間だけが、ひろい場所で誇らしげに身体を躍動させている。あとの九九・九九…パーセントは見物人だ。

それをひっくるめて、ただスポーツと呼ぶのはうなずけない。

スポーツがショーとしてばかり栄え、みんなが自分の身体を動かす方はやめてしまう。バカバカしい。

土曜、日曜、晴れあがった一日、緑の天地にわけ入ったり、自分の腕で球を投上げる。仲間同士で競走してもいい。一人一人が深呼吸するだけだっていい。

そういう肉体の緊張と解放を総身に味わうよろこび。それは自由な精神の高まりでもあるはずだ。

陽光と新鮮な空気と合体し、生命の燃焼するチャンス。

それなのにムザムザと、昼日中、しめっぽい屋根の下で、数千万の人間、大衆の大部分が、テレビの前にあぐらをかいている。

煙草でも吸いながら、ピッチャーの一球一球、バッターの振りに末梢神経をいらだたせ、眼だけギラギラ。

まったく非スポーツ的だ。肉体喪失である。

いいところで逆転ホームランなどが出ると、「ドウダイ」などと顔を輝かせ、まるで自分が打ったようだ。だがそのために、ご自身はいったいなにをしたというのだろう。指一本動かしたわけではない。

そういういい気なのにかぎって、自分自身では人生に、いっぺんもヒットを打ったことがない連中なのだ。テレビのなかで他人がホームランを打ったからって、ざまあみろ、なんてハレバレしたって、しょうがないではないか。

百メートルを十秒で走る人間はすばらしい。
しかし、たとえ一分かかったって、力のかぎり駆ける豊かさ。
自分より先に行く者は、「あいつは足が速いな」と思えばいいのだ。
それをどうして、遅いものは走らない、と決めてしまっているのだろう。
代用の生きがいにうつつをぬかして、自分をごまかしてしまうのはむなしい。
なま身をぶち込み、賭けるのが、人生レースのほんとうのルールなのだ。

逃げたくなったら、挑め。

むなしい、どうにもならない中にいて、
弱気になって逃げようとしたら、
絶対に状況に負けてしまう。
逆に、挑むのだ。
無目的に、まったく意味のない挑み。
それこそがぼくの生きるスジだった。

勝手にしやがれと突っぱなせ。

無暴をやったら滅びてしまう。
おそらく食えない——と考えるのが常識だろう。
しかし人生ってのは奇妙なもんだ。
運命と人間の関係は男女間のかけひきに似ている。
相手に気に入られようとすると、互いに妙に空虚で、向こうも乗ってこない。
勝手にしやがれと突っぱなして、思うとおりポンポンやる。
すると、逆に向こうからついてくる。
そこで気を許して、こちらからよりかかるような
さもしい気配をちょっとでも見せれば、さっと背を向ける。
商売でも、政治、外交、みなおなじだ。

自分がそうだ。オレがやる。

この国ではみんな、たいへん誠実に「誰かがやらなければいけない」とは言う。
しかし「自分がそうだ。オレがやる」と言ってはぶちこわし。
そういう態度は不遜であり、常識に反する。
だが、おかしいではないか。
誰かが、誰かがと言いあっていても、永遠に事態は発展しない。
キレイごとであって、どこにも責任の所在がないからだ。
だからぼくは、象徴的に、自分の名前で責任を負うことにした。
個人の功名心や野心ではない。
むしろたいへん謙虚な意味なのだ。
ぼくが「岡本太郎」と言うのは、もっとも手近にあり、
まちがいなく責任をしょい込ませられる材料だからであり、
この「私」には気の毒だが、あえて使っているのだ。

ぼくは思う。

人間の誇りは、誰でもがこのようにヒロイックに、そして明朗に、大きい責任を引き受けて進むところにあるのだと。

対極的な交互作用に、身体《からだ》全体をぶっつけろ。

今日の若者には夢がない、とか、ばかにチャッカリしていて画一的だ、という批判をよく聞くが、考えてみればとうぜんだ。

両親の姿を見れば、自分の未来像もその背後にダブって見えてしまう。あれよりも、いくらか良いかもしれないし、下手をすれば、ちょっと悪くなる程度。そんなにびっくりするほど違ったあり方など、考えようもない。

努力したところで、別に、どう筋書きが変わるというのだろう。いや、なまじやりすぎると、逆にマイナスになる。適当に、ほどよく、調子よく。

バスに乗り込むために、受験勉強は一応するけれど、それが生きがいにつながっているとは、だれも思わない。今日の若者のむなしさがそこにある。

それから逃れようとすれば、自殺でもするか、スピード、セックス、エレキなんかで瞬間的に自分をまぎらわすか、以外にはないだろう。

そんな気力もない大部分はただすわって、運ばれていく。みんなといっしょに。

悪くもなければ、良くもない世界。

——けっして、自分の足で踏みわけ、イバラに頭をひっかかれたり、猛獣とぶつかって息をのむ、というような真正の人生は経験しないのだ。

なにかスリルがあるとすれば、それはバスの窓ごしに、他の世界のドラマとして、かいま見るだけだ。

たんたんたる道に乗って、大学コースを進んでいくことが悪いと言っているのではない。

人生というものは、まことに単純なようで複雑だ。また、その逆がいえる。

それを強力に操作することが必要なのだ。

ハイウェーをばく進しながら、その画一的、いわばスマートな身軽さを身につけながらも、しかし同時に、ジャングルの中を押しわけてゆくあの冒険。

不如意。希望。失意とファイト。

その孤独の闘いともいうべきロマンティスムを、意志的に自分に課すのだ。

その対極的な交互作用に、身体全体をぶっつけてこそ、生きがいだ。

己れを決意しないで、なにがあるというのか。

世のすべての中でもっとも怖しいものは己れ自身である。
それ以外のなにものでもない。
あらゆる真実も愚劣も、己れにおいてけっきょくは決定されるのだ。
対決する怖しさから、とかく人々は己れ自身を避けてしまう。
そして、伝統！　自然！　あるいは社会性！（いかにも美しい言葉だ）と、
あたかも己れを滅却した場に美や真実があるかのように叫ぶのだ。
なんたる偽善！　欺瞞！
己れを決意しないで、なにがあるというのか。
もちろん己れ以外のすべてが虚無というのではない。
かえって己れを意識することこそ虚無なのだ。
しかし芸術においては、他のあらゆるものもじつは同様なのだが、
己れを決意しないでは、いかなるレアリテもつかみ得ない。

己れとは——くみし易く、またもっとも非妥協的なもの。
美しいと同時に慄然とするほど醜いものである。
まずはこの矛盾に正面からぶつかるのだ。
レアリテはそこからはじまる。
ぜったいに自己と妥協せぬこと。
己れをもっとも忌むべきものとして、まず破壊し去ることだ。
それによって、高次の自己を創造していく。
——だが、私はそうは言ったが、けっしてそんな図式を信じない。
この営みはまったく絶望的なのだ。
そして盲目的だ。

現在の自分に問題をぶつけてこない過去を否定せよ。

ぼくは岡本かの子の芸術家としての高さを知っているし、亡き母への愛着は、いうまでもないことだ。

異国にあって彼女の死の知らせを受けた時は、やり場のない憤りと悲しみに、ぼく自身が死んでも母親を再び生かしたいという狂おしい激情にかられた。

親しい者の死後、だれでも経験する、どうしようもない空虚、淋しさ、慕わしさも当然だった。

しかし、すでに過去である。

はっきりいえば、母の死によってぼくはすでに母親と決別してしまっている。

そこにはあるいは他人以上の隔たりさえあるかもしれない。

もし今日、ぼくにとって問題として残るものがあるとすれば、単に「岡本かの子」であり、彼女が生涯かけた彼女の芸術という客観的な事実だけである。

しかしそれさえも、現在のぼくとは無縁だとあえて言いきるのである。

ぼくは、現在のぼく自身に問題をぶつけてこない過去を否定する。不遜であり無謀であると批判されるだろう。しかし、過去のものがそれとして如何なる価値があろうと、それを問題として取り上げることによって、自分の視点をそこまで引き戻したくない。

それはぼくのたてまえ、というよりも信念、というよりも確信である。

だからぼくは過去の権威を真っ向から否定する。

この立場から岡本かの子の芸術を見れば、優れた他のあらゆる芸術と同様に、ぼくにとっては無縁だと言いきるほかはないのだ。

認めさせたくない、という意志。

自分の意志を他に押しつけ、実現させようと挑む。
と同時に、おなじ強烈さで、認めさせたくないという意志が働く。
理解され、承認されるということは、他の中に解消してしまうことであり、
自分本来の存在がなくなってしまうことだからだ。
認めさせたい、と同時に認めさせたくない、させないという意志。
それがほんとうの人間存在の弁証法ではないか。

自分のうちにある生命感を、太々とぶつけ出せ。

生きがいをもって猛烈に生きること。
自分のうちにある、いいようのない生命感、神秘のようなもの、
それを太々とぶつけて出したい。
たとえば大きな画面、粘土の塊に挑みかかっているとき。
言葉にならなくとも、つっかえつっかえ、熱くなって喋っているとき。
自分の不得手なものにぶつかると、
さらに、かつて知らなかった情熱がわきおこって、
全身からファイトがふき出す。
——この「身体」という制約、壁をつき破って、
自分の存在を外につき出していくと、
ほんとうに生きているという手ごたえがある。

ベタベタすることがやさしさではない。

男のやさしさと女のやさしさを区別して考える必要はない。

男と女は自然に求めあい、惹きつけあう存在だ。

お互いに〝一体〟になろうとする気持ちがやさしさなのであって、相手をかばってやろうとか、いたわってやろうとか、親切にしたり面倒をみることだけがやさしさじゃない。

相手と無条件に溶けあい、自分も救われることが、相手にやさしくすることになるんだ。

自分と相手をわけて考え、努力して相手に奉仕しようとすると、逆に相手が気をつかって、反対の結果を招くことがあるだろ?

無条件に一体となることを考えなければダメなんだ。

ベタベタと女性の面倒をみることは、ほんとうの優しさじゃないんだよ。

女は生まれつきスジをつらぬく。

ぼくは女に裏切られたことがない。
どんな女性も奥底ではとても優しい。
ぼくを許して、包んでくれる。
それはぼくの信念というか——かならずそうだったからね。
だからといって、甘えるってことじゃない。
女は生まれつきスジをつらぬく。
男よりずっとしっかりしているよ。

無条件の友情をもて。

人間同士の結びつきは、無条件な親しみ、友情からはじまる。
男同士なら素直にそれが展開するのに、相手が女だからといって、
すぐに性的な情愛と混同して悩んだり、もつれたり。
素朴すぎる。
青春にとって、恋は確かにひとつの夢だけれど、錯覚からはじまった関係が
実りをもたらすはずはない。
情熱的であるためには、すべからく冷静に、聡明に自分の真の心をつかんで
ほしい。
すばらしい女ともだちをたくさんもつ。
その豊かな男らしさ、おおらかさからほんとうの恋愛が生まれるんだ。

自己嫌悪をのり越えろ。

自己嫌悪をのり越えて、自分を救う方法が二つある。
自分を無の存在と考えるか、
徹底的に自分自身を対決の相手として、
猛烈に闘ってやろうと決めるか、どっちかだ。
どっちでもいい。
中途半端はダメだ。

イメージやムードで自分をごまかすな。

日本人の誇りの一つの伝統として「男らしい男」というのがある。正義のためにたたかい、強きをくじき、弱きをたすける。ところが見わたすと現実はまるで逆だ。ほとんどが強きにおもねり、弱きに冷酷なのだ。弱いところにはビシビシと当たって容赦ないが、力のある相手だと横車でも頭を下げて通してしまう。その方がむしろ格好がつくようにさえ思われているありさま。

映画やテレビのドラマなどには、まことにサッソーたる男が入れかわりたちかわり出てくる。不明朗な権力、悪の集団とたった一人で対決し、バッタバッタとなぎ倒す。いささか悲劇的ではあるが、あんな男性がいたらなあ、ととりわけ女性は眩惑《げんわく》的にそんな男性像に見入るのだろう。

さて自分の周囲を見わたすと、現実がいかに遠いか。現実にあまりにそれがないから、ドラマで、架空のイメージで補うということになるのだろう。そういうメカニズムは世界中どこも同じだ。

よくフランス映画にはすばらしい男性が女のために命をなげうつという筋書きがある。日本のように正義のためなどではなくて、恋のため、女のためなのだ。

ぼくはながい間フランスに住んだが、フランスの男は意外にもちゃっかりしていて、女のためにわが身をいためるなどということはあまり考えられない。むしろ女性の方が男に賭《か》ける、身を滅ぼしたりする例を見聞きする。

逆に、アメリカ映画には高慢チキな女がガツンと男にやられたり、身を捨てて男について行くというような設定がよく出てくるが、これも現実にはないシーンである。皮肉なものだ。

現実にはないものを夢みるのは人間的であり、文化も芸術もその架空の構築から発展したのだといえないことはない。

だがナマ身にかけず、無責任なイメージやムードで自分をごまかしてしまうとすれば、やはりむなしい。

片想いでいい。

片想いで、いいんだよ。
恋愛っていうのは、かならず片想いなんだ。

永遠とは、時間を超えた〝瞬間〟だ。

愛に燃える——その瞬間が永遠なんだ。

永遠は時間の問題じゃない。

永遠を時間の持続と解釈してはダメだ。

永遠とは時間を超えた〝瞬間〟だ。

愛に燃える瞬間が永遠で、その後がつづこうがつづくまいが、どのようなかたちであろうと、消えてしまっても、それは別のこと。

瞬間に永遠がある。

瞬間から離れたら、永遠はない。

運命の出会いは恋愛さえ超える。

結婚する相手と出会うことだけが運命的出会いだと思っているかもしれないが、運命的出会いと結婚とは全然関係ないよ。

たとえ相手の女性がほかの男と結婚しようが、きみがほかの女性と結婚しようが、それはそれだ。

結婚とは形式であり、世の中の約束ごとに過ぎない。

ほんとうの出会いは、約束ごとじゃないからね。

極端なことをいえば、恋愛さえ超えたものだ。

自分が自分自身に出会う。

彼女が彼女自身に出会う。

お互いが相手のなかに自分自身を発見する。

それが運命的な出会いだ。

相手がこちらを気にしなくてもいい。

こちらが相手と出会ったという気持ちがあれば、
それがほんとうの出会いであり、自己発見なんだよ。

ぶつけあいながら、ひとつになる。

ぼくは男女が同じだとは思わない。
女と男は、異なった二つのポイントから世界を眺《なが》めかえしている。
男の見る世界と女の見る世界は彩りが違う。
男だけ、女だけでは世界観は成り立たない。存在であり得ない。
双方の見方、感じ方、生命感をぶつけあい、挑みあい、
渾然《こんぜん》とからみあってはじめてほんとうの世界がつかめる。
ぼくは男女同権ではなくて、男女一体だと言いたい。
異質だからこそ、互いにひきあい、与えあう。
矛盾をぶつけあいながら、一体なんだ。

瞬間瞬間を運命にかける。

健康法なんか考えないことが、いちばんの健康法だ。

よく人間ドックに入って、自分のからだの悪い部分を調べる人がいるけど、あれはムリして病気を探しているようなものだね。

自分自身を信頼していない証拠だ。

そんなことはいっさい考えないし、気にしない。

健康、不健康なんて条件を問題にしないで、瞬間瞬間を運命にかける。

肉体、精神ともにつらぬいて生きているという自信が、まず、大切だ。

ぼくはいつでも絶対的に生きている。

花がひらくという〝生〟に、自分の〝生〟を感じる。

ぼくには、桜の花が美しいといって、観賞する気持ちはぜんぜんない。
静かに観賞することが正しいとも思わない。
ぼくが息をはずませるのは、花がひらくという神秘感の驚きだ。
それがぼく自身の生命《いのち》に共振を与える。
原始時代の人間も、この突発的な自然の身ぶるいに、
ともに躍り動く自分の生命を感じたと思う。
花を眺めたり、愛でるなんてことより、花がひらく、という自然全体の〝生〟
とともに、自分の〝生〟を感じるのが本筋じゃないか。
その生をいつのまにか人間は感じなくなって、花を眺めて楽しむという
趣味的感覚に走るようになってしまった。
それは進歩であり洗練でもあるけれど、堕落でもある。
日本には「お花見」という伝統があるじゃないか、と言うかもしれない。

だがそれは、現代の感覚とはちがう。

花見とは、本来、人間が〝自然の循環、いのちの節目にとけこむ祭〟であり、もともとは宗教的なものだった。その伝説がかすかに残って、江戸時代、市民は花が咲くと、女房を質に入れてもと、上野や向島へくり出して浮かれた。

当時は封建制度というきびしい階級制社会下にあったが、お花見のときだけはそのワクを忘れる無礼講が伝統だった。

花の下では上下貧富のしきりははずされた。

貧しい人は日頃のウップンを陽気にぶちまける。

富貴な者は、庶民たちとおなじ場所、おなじ雰囲気のなかで遊ぶことで、普段のむなしさが満たされた。

すべての人が抑えられていた人間性を、花の下の無礼講で再獲得する。

日ごろ分断されていた世界が、ひとつに溶けあったんだ。

お花見とは、桜でも酒でも、御馳走でもない。遊ぶことでもない。

おのおのが自己発見し、人間として充実し、ふくらむのが本筋なんだよ。

人間は瞬間瞬間に、いのちを捨てるために生きている。

人間は瞬間瞬間に、いのちを捨てるために生きている。
青春期には未知の人生への感動として、
なまなましくその実感がある。
しかし中年以降、とかくその意気込みがにぶり、
いのちが惜しくなってくる。
堕落であり、つまらなさだ。

生きるときに生き、ひらくべきときにひらけ。

くりかえしていう。
人間の運命、その文化の素晴らしさは、
それが猛烈におこり、また滅びる、いわば瞬間瞬間に情熱的にひらき、
そして悲劇のなかに、栄光のなかに崩れ失われてゆくところにある。
性急な語調のように、またため息のように、
透明で太いリズムで流れ、ひろがってゆく美しさなのだ。
生きるときに生き、ひらくべきときにひらく。
その瞬間に、純粋に生きる。
壊れるなら壊れていい、と心をきめた方がさわやかではないか。

屈辱がなくて、だれが芸術なんかするものか。

人間であることの屈辱、くやしさ。
だからこそ芸術家なのだ。
この絶望がなくて、
だれが芸術なんかするものか。

猛烈な素人たれ。

ぼくは常日ごろ主張する。
あらゆるものについて猛烈な素人でなければならない。
じっさい、いままでやったことのないこと、
苦手な問題にぶつかると、
人間的情熱がもりもりと湧きおこってくる。
一回かぎりの冒険に身を打ちつけるよろこび。

にっこり笑った傷口でありたい。

ひき裂かれた傷口。
——鮮血。
人間自体が傷口なのだ。
ぼくなら、にっこり笑った傷口でありたい。

計算を超えた、無目的の闘いが生きがいだ。

人間がほんとうに生きるとは、環境に迎合したり、安易に受け入れられたり、好かれたりすることじゃない。

世の中でいう成功とは、むしろ絶望とおなじだ。

計算を超えた、無目的の闘い、あらゆる対象への無条件な挑戦をつづけることが、人間的であり、生きがいだ。

そこに芸術がある。

しかし、いまは芸術までが政治や経済とおなじようにシステム化され、惰性的に流れている。

そこにぼくは憤りを感じているんだ。

あえて敗れることを決意して、社会にぶつかる。

人間はかならずしも成功することが喜びであり大事なのではない。
闘って、後にくずれる。
その絶望と憤りの中に、強烈な人生が彩られることもある。
俗に〝失敗は成功のもと〟という。
そんな功利的な計算ではなく、イバラの道に傷つくことが生きる喜びだ。
たんたんとした道をすべってゆくむなしさに流されてしまわないで、
傷つき、血のふき出る身体をひきずっていく。
いいようのない重たさを、ともども経験し、噛みしめる。
それが人生の極意だと思う。
若い人たちに言いたい。
自分の目、手でふれる、だからこそ危険な道をきりひらいていくべきだ。

けっして遅くはない。
あきらめて、投げてしまってはならない。
あえて敗れることを決意して、社会にぶつかる。
それによって、さらに大きな、輝かしい人間像を形成していくのだ。

人生は設計どおりにいかない。だから、楽しい。

人間の行動には二通りある。

無意識なものと、その反対に叡智《えいち》をもって計算し、目的を設定して行う行動だ。

そのふたつの正反対の動機のからみあいが、人生を楽しくする。

毎日、朝、目を覚ましてその一日を設計する。自分のよろこびや楽しみのためにも、設計が必要だ。しかし現実にぶつかってみると、自分の立てたプランが次々と破れていく。

しかし、破れながらも、なにか楽しさがある。自分が責任をもって立てたプランのまだ明確でなかったところ、じゅうぶんでなかったポイント、そういうものが現実の抵抗によって固まり、ますますふくらんでくるからだ。あるいは思いがけない運命によってはばまれ、形を崩されてしまったりする。

だがどのような障害にぶつかっても、それと妥協して適当に処理してしまってはならない。

マイナスの要因によって萎《しぼ》んでしまうのではなく、きびしい条件を自分に突きつけて、ますます豊かに伸びひろがっていくのだ。

設計というものは自分だけの、一人相撲ではおもしろくない。相撲をとっても、もしかしたら敗けるかもしれない相手と四つに組むから楽しいのではないか。ただまちがいないものが、まちがいない結果を出したところで、退屈であるに過ぎない。

どんなに壮大なヴィジョンを描き、精密な設計図をひいたところで、どうせ人生には決定的な終末がある。だからこそドラマなのだ。

それを見つめながら、息ながく、どこで終わっても生きがいのある人生をくりひろげていきたいものである。

真剣に、命がけで遊べ。

仕事柄、身体《からだ》を動かすことと頭を使うことはいつもくっついている。これは健全なことだし、気持ちがいい。

面白いことに、原稿書きなどで疲れる頭の部位と、絵を描いて疲れるところ、会議などで、と脳の使う場所がみんな違う。

絵に集中していて、突然パッと庭にとび出して、やりかけの彫刻の仕事を見る。そしてナタを振るう。また部屋に入って文章を考える、というふうにくるくると別の仕事をしていくことで、かえって解放され、疲れがほぐれる。

考えてみれば、無心に遊んでいるこどもたちはみんなこういうふうに生きている。幼い子の、無限とも思えるエネルギーは、次々と新しいことに熱中して、いままでのことを放りだしていく、あの無邪気な自由さからふき出してくるのかもしれない。

これは人間にとって、とても大事なことだと思う。

〝何々のためになにかをする〟のではなくて、無条件、無償の生命力の輝き。瞬間瞬間、よろこびがみちあふれる生き方だ。

ぼくは成熟ということを信じない。年をとって、経験や馴れによってつけ加えるものなんて、人間にとって本質的なものだとは思えないからだ。世馴れた人なんて、ちっとも楽しくない。

人は生まれたときのまま、ぬくぬくと大きくふくらみ、ふくらみきって、パンと破裂するように終わるのがいい。

幾つになっても、幼児《おさなご》のような眼と、情熱、遊び心を失いたくない。

高齢化社会の到来で、老後の人生をどのように過ごすかが人々の関心をあつめている。

若い時代は多くの人が、ヤミクモに社会の敷いたレールの上を走りつづけている。半ば無自覚に。自分自身で生き方を決めなくても、一定の枠の中で、とにかく転がっていけば、それで自分は「やっているんだ」という実感がもてたし、社会でもそう認めてくれる。

ところが「老後」になると、そういう枠、役割がなくなる。なにをしてもいい、がなにもすることがない。これはつまり幼児時代と同じだ。かつて幼い頃は、だれでもいきいきと一日を遊び暮らしていた。それに戻ればいいのに、老人になるとなぜそれが不安になったり、とまどうのだろうか。ぼくは生き方についての考えを、くるりと引っくりかえすことをすすめる。無目的、無償の行為に自分を賭けてしまうのだ。

それを「遊び」と言ってもいい。

これからの社会は、無目的に「遊ぶ」ことについて、みんなが真剣に考えなければいけないと思う。システムとしても、モラルの面でも。

いままではなにごとも生産が中心だった。こども時代を除いて、人々は遊びに集中して暮らすことに馴れていない。とりわけ日本人のモラルにはそういう面があるようだ。このまま高齢者人口が増えつづけて、遊び知らず、遊び下手の「ヒマ人」がごろごろしているというふうになったら、この社会はおそろしく陰鬱《いんうつ》になってしまうのではないか、と心配になる。

よく若いときから趣味をもてなどというが、ぼくはそういう「お遊び」ではほんとうの生きがいを生み出すことはできないと思う。

「遊び」と「お遊び」はぜんぜん違う。

「遊び」は真剣な、全人間的な、つまり命のすべてをぶつけた無償の行為だ。

「お遊び」は余技である。無責任であり得る。安定した本業を別にもって、いわば片手間に、自分を危険にさらさないで楽しむ。

それでももちろん無いよりはマシだが、本業がなくなったとき、人はお遊びの趣味だけで、ほんとうに充実して生きられるだろうか。

若い時代から無償の情熱のひらき方について、まともに取り組まなければならない。そういう生き方のトレーニングがあまりになおざりにされていることが、今日の問題である。

こどもでさえ塾だ、お稽古だと、遊ぶことを許されず、遊ぶことを忘れてしまっている。そんな人間ばかりが大人になったら――怖い気がする。

おおらかに遊ぼう。真剣に、命がけで。

まさに人生、即、無条件な遊び。

つまり芸術なのだ。

遊びにおいてこそ、生きがいとプライドをつかみ取れる。

大事なことは、功利的でない、無目的な生のよろこびに全身をぶつけ、真剣に遊ぶことだ。

むなしい目的意識や卑小な合理主義にふりまわされてしまわないで。

自分が〈何々である〉とか〈何々ができる・できない〉ということよりも、〈こうありたい〉、〈こうしたい〉ということのほうを中心に置く。

その欲望が実体なのだ。

遊びにおいてこそ、無条件の生きがいとプライドをつかみ取ることができるはずである。

形式はなんであってもいいのだが、芸術などはさしづめ、だれでもが直ちに無条件に参加でき、しかもたいへん深刻で、多彩な遊びであるといえよう。

現代人は小利口だし、ものが見えすぎている。行く先も、自分の限界も。

だから、自分の責任において遊び、闘い、芸術する、そしてトコトンまで自分をひらこうなんてことは、この世の中では無理なんだ、と決めてしまっている。そこにむなしさがある。

できなくってもいい。が、やるべきだ。〈遊び〉だからだ。

もし自分に才能がないと思うなら、才能がないというポイントに自分を賭ければいいではないか。

ぼくは芸術の仕事をしているが、〈才能〉なんか頼りにはしない。

いかに才能によらない仕事をするか、と絶望的に自分を追いつめる。

そこに人間がひらくのだと思っている。

とかく、オレは才能がないとか、充実していないと言って、引っ込んでしまう。また周囲がそんなことを言って押さえつけようとする。まことに、自他ともに八方ふさがりである。だがそこで引っ込んでしまうから、逆に、生活が無内容に、充実しなくなってしまうのだ。

もっと平気で切実であるべきだ。

それが〈遊びの精神〉というものだ。そして芸術の真髄でもある。

生まれつきのかたちがいちばん美しい。

ぼくは小さい頃からチビの方だった。

他とくらべて身長が低いことは自分でも認めていた。

でも、ぼくのことをからだが小さい男だと思っている者はあまりいないよ。

ぼく自身も身長が低いと思ったことはないね。

背の高い女性とつきあっても、身長が小さいことでコンプレックスを感じたこともない。

アメリカもそうだけど、ヨーロッパへ行くと、北欧系の背の高い女性が目につく。ぼくよりも背の高い女性ともつきあったけど、コンプレックスなんて感じなかった。

逆に背の高いやつの方が、コンプレックスをもっているんじゃないかと思ったくらいだ。

だいいち、からだが大きすぎると、充実感がないような印象を受けるじゃないか。ノッポなやつほど、チビのぼくをみてうらやましいと思っているんじゃないのかな。

そのくらいに考えていた方がいいんだよ。

おもしろかったのは、ピカソと会って、並んで一緒に写真を撮ったとき。

背の高さがまったくおなじなんだ。

ピカソだって背が低いことでコンプレックスをもっていたとは思えないね。

とにかく、肉体的な問題でコンプレックスをもつ必要はない。

身長が高くて全体的にカッコよくたって、そういうやつも自分のどこかにコンプレックスをもっているもの。それを知ることが大切だね。

人間は生まれつきのかたちで生きているのがいちばん美しい。

生まれつきでないかたちになりたいなんて思うのは愚劣だよ。

よく肝に銘じることだね。

結果なんて考えない。

結果にこだわるからなにもできなくなる。

もしこうしたら、こうなるんじゃないかと、あれやこれや自分がやろうとする前に、結果を考えてしまう。

誠実に、その瞬間瞬間にベストをつくしたんなら、結果なんていっさい考える必要なし。

大切なのは、運命をつらぬいて生きることだ。

父親の影響なんて考えるな。

父親からの影響なんて考えない方がいい。
父から影響を受けたという言葉は、一種の方便にもなるし、
自分自身をごまかすことにもなる。
人間はこどものときから孤独な存在で、
自分の運命は自分で切りひらいていくものなんだ。
こどもにとって父親はどうあるべきか、なんてことも考えない方がいい。
父と子の個性のぶつかりあいで、これはもうさまざまだ。
ただ、親は子に対して、なによりも人間であるべきだ。
「親」なんて考えることには意味がないと思うね。

ルールは守る、しかし従うのではない。

人が純粋な行動をとろうとすれば、瞬間瞬間にはばまれる。

この社会においては、あらゆる行動が規制されているからだ。

それをまもらなければ、生活していけない。

人生は隅から隅まで、こまごまとした枠の中にとじこめられている。

しかも互いがそれをせばめあっている。

法律、常識、風俗、しきたり。

人間社会は譲歩しなければならない約束ごとばかりだ。しかしそんなもの、
永遠の眼から見れば非本質的であり、皮相なアクシデントに過ぎない。

ところがみんな、義務的にまもらなければならないものの方を道徳だと思いこんでいる。大間違いだ。

人間にとって、それをまもらない意志の方が本質的であり、モラルなのだ。

——空をくもりなく見る眼のような、そういう純粋な世界、行動。

それをはばむすべては、人間にとって本来ではない。侮蔑だ。
純粋な人間は、だから猛烈な矛盾の中に生きぬかなければならない。
ルールをまもる、と同時にそれをしりぞける意志によって。
オレはそれを守るが、しかし従うのではない、という抵抗を持続させ、
いつでもそのような、おおらかで激しい心を、
人間的な誇りとしてもつべきだ。

やれるだけのことをやればいい。あとはなんとかなるさ。

きみ、いまの仕事から逃げ出したいんじゃないのか？

大きな仕事をまかされて、頭では「やるぞ！」と張り切っているだろうし、面白いと思っている。

だけど、ああいう仕事は、あれもこれも裁かなきゃならない。大変だろう？

きみは気がついていないけれど、意識の底では悲鳴をあげている。

それがコントロールできない体調の不調になって出ているんだ。

コツを教えよう。

あんまり一生懸命にならないこと。

オレがやらなきゃ、と思わない。

完璧に、オチなくこなそう、としょっちゅう緊張していると、体調は戻らないよ。

そのうち体力が弱ってくるから、とんでもないミスにつながりかねない。

自分で、いまやれるだけのことをやればそれでいい、と覚悟を決めるんだよ。
あとはなんとかなるさ、とひらきなおって、平気でやればいい。
自分でああそうか、と原因に気がつけば、ピタリと治るものなんだ。

己れを殺せ。

かなり以前のことだが、京都文化会館で、二、三千人の僧侶たちが集まる、臨済禅師千百年の記念の催しがあった。どういうわけか、そこで講演を頼まれた。ぼくはいわゆる禅には門外漢であり、知識もないが、自由に発言することが禅の境地につながると思う。日ごろの考えを平気でぶっつけてみよう。そう思って引き受けた。

ぼくの前に出て開会の挨拶をされた坊さんの言葉の中に、臨済禅師という方はまことに立派な方で、「道で仏に逢えば、仏を殺せ」と言われた。素晴らしいお言葉です。という一節があった。

有名な言葉だ。ぼくも知っている。たしかに鋭く人間存在の真実、機微をついていると思う。しかし、一種の疑問を感じるのだ。今日の現実の中で、そのような言葉をただ繰り返しただけで、はたして実際の働きをもつだろうか。とかく、そういう一般をオヤッと思わせるような文句をひねくりまわして、型の上にアグラをかいているから、禅がかつての魅力を失ってしまったのではないか。

で、ぼくは壇上に立つと、それをきっかけにして問いかけた。

「道で仏に逢えば、と言うが、皆さんがいまから何日でもいい、街角に立っていてご覧なさい。仏に出会えると思いますか？

逢えると思う人は手を上げてください」

だれもあげない。

「逢いっこない。逢えるはずはないんです。では、何に逢うと思いますか？」

これにも返事がなかった。坊さんたちはシンとして静まっている。

そこでぼくは激しい言葉でぶっつけた。

「出会うのは、己れ自身なのです。自分自身に対面する。そうしたら、己れを殺せ」

会場全体がどよめいた。これは比喩ではない。

人生を真につらぬこうとすれば、かならず条件に挑まなくてはならない。いのちを賭けて運命と対決するのだ。そのとき、切実にぶつかるのは己れ自身だ。

己れが最大の味方であり、また敵なのである。

今日の社会では、進歩だとか福祉だとかいって、だれでもがその状況に甘えてしまっている。システムのなかで、安全に生活することばかり考え、危険に体当たりして生きがいをつらぬこうとする人間は稀である。危険を避けることがあたかも道徳であるような風潮だ。

自分を大事にしようとするから、逆に生きがいを失ってしまうのだ。

己れを殺す決意と情熱をもって危険に対面し、生き抜かなければならない。

今日の、すべてが虚無化したこの時点でこそ、かつての時代よりも一段と強烈に挑むべきだ。

ぼくは臨済禅師のあの言葉も、じつは「仏」というが即己れであり、すべての運命、宇宙の全責任を背負った彼自身を殺すのだ、と弁証法的に解釈したい。

禅の神髄として、そうでなければならないと思う。

赤い色は、生きている、激しさ。

ぼくが好きな色は、血の色――赤だ。
赤い色は、人間の存在そのもの。
生きている。
人間が生命を賭けて危険な冒険に挑み、
パッと噴出する血。
ものすごいセンセーション。
ほとばしる熱い赤。その洪水。
そこからうかぶのは生命、そして死。
赤という色には、人間の根源がある。
だから、ぼくは赤い色が大好きだ。

捨てたところから、はじめて意味がひらく。

ゴッホは職人芸の過去を否定し断ち切る、芸術革命の大きなモメントだった。

しかし彼自身、あまりにも悲劇的に、芸術意識の危機を生きぬき、時代の不幸を一身に負って自ら亡びた。

この黒い太陽は世紀末の頂上であると同時に、その終焉でもあった。

絶望の果てに、ゴッホは自分自身を撃ち殺したのである。

轟《ごう》然と自分の胸に弾丸をうち込んだとき、しかし、そのピストルの音とともに、世界はゴッホの前で忽然と変貌した。

絶望的な生きがいであり、あれほど追い求めた、執着した芸術を放棄した、その瞬間、彼にはじめて人生の、つまり芸術の真の意味がわかったのだ。

芸術なんてなんでもないんだ。

それを見極め、捨てたところから、はじめてほんとうに意味がひらける。

芸術に憧れ、しがみつき、恐れ、叫び、追いかける。

そのような芸術主義では、ついに「芸術」に達することはできない。
弾丸を身体のうちに入れて、黙って煙草をふかしていた、まる一日、
その凄み、重さはそれまでの彼の全生涯に匹敵する。
彼は死が、残忍なにぶさで刻々と迫ってくるあの一日間、まだ開かない
新しい世界に生きていたのだ。
黙ってそれを見つめながら、誇らしく敗北したまま彼は死んでいった。

単数であると同時に、複数者であるものこそ、ほんとうの人間だ。

ほんとうに生きている奴がいないんじゃないか、周囲を見わたして、いつも憤りを感じる。

官学的ポーズにはまるか、大衆主義者、あるいは外国だけに価値の基準をおくイカレ文化人。みんな安心して、またいささか不安気に、どこかによりかかっている。

自分自身によって証をたてないのなら、生きていることさえおこがましい。まず芸術からこれを切りひらいていかなくてはならない。芸術運動が必要だ。そう考えた。だからぼくは叫びつづけてきたんだ。

だが、笛吹けどもなかなか踊らない。みなさん利口に、分際を知り、まわりが出そろってくるまで時期を待っているらしい。可能の範囲とか時期なんてものは、危険をおかし、不可能にぶつかること以外にありはしないのに。ええい、面倒くさい。オレひとりで、とガムシャラにとび出した。

ものスゴイ風あたり、それを帆に受けて、ひとりで突っ走ってきた。憎まれっ子だ。

そのうち猿どもはあわてて、いっせいに移動開始。器用に、スマートに、するするっと枝の上を渡って、都合のいい場所に引っ越しだ。そこでしたり顔をしている。たいへん不恰好なのだが、相見互いだから、だれもグロテスクだとは思わないらしい。

岡本太郎だけが芸術家だとか、ピカソをのり越えている、などと公言した。だからうぬぼれて威張っているように思われた。

だが岡本太郎といっても、ここに居る「この自分」のことじゃないし、そんなものにこだわってもいない。ここに生きて、食ったり飲んだりしている、個人のこのぼくを指しているわけじゃないんだ。

自分にならば責任をもてるし、またもつからこそ、御当人には気の毒だけれど、岡本太郎の名を借りただけだ。だからそれは、自分でやると決意したすべての人のことなのであって、厖大な数の〝岡本太郎〟のことなんだよ。

こんなことを言うと、自分と他人の区別さえついていない、と批判する者もいるだろう。どうも猿族は、自分と他人様を区別しすぎるからね。小さいエゴをかわいがり、守ろうとするために、ひとはひと、自分は自分と形式的にわけてしまうんだ。

でもじつは、自分だって他人だし、他人だって自分なんだ。

まことに己れを超えて、他に強力に働きかけていく、単数であると同時に、複数者であるものこそ、ほんとうの人間だ。

第3章 「青春」「老い」「死」ってなんだ

永遠の時間の流れに、シミをつけるな。

誕生日なんか、クソクラエだ。
人間のいのちは、毎日新しく生まれかわって、
生きがいを爆発させる。
誕生日というなら、その日その日がそうなのだ。
そういう充実した人生でなければならない。
暦《こよみ》の上でくりかえされる、偶然な符号に義理を立てて、
永遠の時間の流れに、こまっちゃくれたシミをつける必要はないではないか。

記念日はもたない。

ぼくは記念日をもたない主義だ。
人生におけるどんな事件でも、過ぎ去ったものにはこだわらない。
過去のことに気をとられているよりも、
今日、いま、ここで起こす事件のほうがはるかにスリルがあるし、
現実的に意味があるからだ。

いくつになったら、なんて考えるな。

男は四十になったら自分の顔に責任をもて。
よくもったいぶってそんなことを説教する奴がいる。
四十になったら自分の顔に責任をもて、とはつまり、その歳になったら一人前の人格をもて、というわけだ。
ぼくはそれを聞くと腹が立つ。じゃあ、それまでは顔に責任をもたないのか？　人格がなくていいのか？
人間はどんなに未熟でも、全宇宙を背負って生きてるんだ。
自分の顔に責任をもって生きるとは、
この瞬間瞬間において、若さとか、老年とかいう条件を越えて、
未熟なら未熟なり、成熟したら成熟したなりの顔をもって、
精いっぱいに挑み、生きていくということだ。
いくつになったら、という考え方が人間を堕落させるんだよ。

五歳のいのちを、ナマのまま生きる。

まさに四、五歳のいのちをナマのまま生きている、そんな思いがする。
闘いの人生を通過してきたのに。
しかも五歳のままであるという歓び。
それは誇りであり、生きがいでもある。

年齢なんて意識しない。

もちろん戸籍上の年齢はある。
問題はその年齢を意識するかどうかだ。
自分は年寄りだとか、若いとかね。
それは単なる意識であって、ほんとうの〝いのち〟の問題じゃない。
ぼくのことをいえば、気持ちのなかではこどものようなつもりでいる。
だから、自分の年齢なんて意識したことはない。
自分はもう五十なんだと意識する奴は、五十ヅラになる。
もう六十だと意識すると、六十ヅラになるものさ。
昔の諺《ことわざ》に「四十になったら自分の顔に責任をもて」というのがある。
四十になったら自覚して四十ヅラになれという意味だ。
バカバカしい。
結婚してこどもができて、こどもから〝パパ、パパ〟と呼ばれたりすると、自然にお父ちゃんヅラになる。

その子が成長して結婚してこどもができて、孫から〝おじいちゃん〟と呼ばれると、おじいちゃんヅラになる。

男でも女でも自分の年齢をつねに意識していちゃダメだ。

年齢のことなんて気にかけず、瞬間瞬間に自分の運命を無条件に世界にぶっつけて生きていくべきだ。

ひとりひとりが、宇宙なんだ。

年輪なんて、過去の積み重ねはどうでもいい。
いま、この瞬間に輝いているじゃないか。
どんな化粧をした美女より美しい。
この人、ひとりひとり、宇宙なんだ。
すごい！

青春はまじりあいだ。

青春は暗さと明るさ、自信と不安のまじりあいだ。
だからこそ、純粋に自分の意思をつき出して発言し、
世に問い、信念をぶつけていかなくてはならない。

勇気と決意だ。

青春とは傷つきながら獲得してゆくものだ。

青春をただの人生の振り出し、未熟な段階というふうに、生涯の一時期として考えるのはまちがいだ。

ぼくは「青春時代」は区別すべきだと思う。

「青春」こそが生きがいであり、それを喪失して生きることは無意味だ。俗に大人になるというのは、ほんとうに生きがいのある人生をオリてしまうことだと言っていい。

青春は年とともに失われるものだとされているが、ぼくはむしろ逆を強調したい。

年齢の問題ではない。

青春は世界とぶつかりあい、障害をのり越えながら、傷つき、ふくらみ、強烈な生命力によって身体いっぱいふくらませ、獲得してゆくものなのだ。

青春の最初の危機は人生の出発点にある。

それにまともにぶつかり、のり越えた者だけが、青春をひらきつづける。

だが一方、ほんとうの青春を知らないで終わる人生もある。

たとえば、名門校にあがること、いい会社に就職することが人生の目的のようにエスカレーションしていった人間が、あるときふと気がつく。

自分には青春と誇らしく言えるような、純粋な魂が戦慄した日がなかった。

そして愕然《がくぜん》とする。

だがもう取りかえしがつかない。

青春こそがこの世界の肉体だ。

青春は猛烈な実体だ。
俗に〝若気のいたり〟などと虚妄《きょもう》のようにかたづけたり、
浮動の状態、夢としてやりすごしてしまう。
まちがっている。
それは混濁したまま、八方に通じる道だ。
ぼくはむしろ極言したい。
青春こそがこの世界の肉体であり、エネルギー源である。
官僚的だったり、アカデミックな、
いわゆるおとなとして固まってしまった人間には、
青春は甘美な思い出、または悔恨として、
感傷の対象であるかもしれない。
だがなまなましく生きている人間、

激しく現実にぶつかっている人間の心の奥には、
いつでも若い情熱が瞬間瞬間にわきあがっている。
人間の内にあって、精神の若さと、肉体の若さは
猛烈に交流し、侵入しあっている。
そういう流動的な状況が青春なのだ。

青春の情熱は透明でスジがとおっている。

若さが暴走する、とよく言うが、そういう見方は間違っている。
青春は無分別ではない。
むしろチャッカリした大人の方が、よほど無分別なことをやるし、
理屈にあわない主張をゴリ押ししたりする。
良きにつけ悪しきにつけ、青春が抱いている情熱は、
透明で、スジがとおっている。
それなのに、未熟で世の中に通用しないから、うまく説得できないから、
やっぱりダメだと、とかく引き下がってしまうだろ?
そうやってヒネクレたり、シラケたり、自分で自分の若さを殺している。
青春は暗さと明るさ、自信と不安のまじりあいだ。
だからこそ純粋に自分の意志をつき出し、発言し、
世に問い、信念をぶつけていかなくてはならない、とぼくは思う。

かならず勝つ、そのつまらなさが世界を堕落させる。

運命に対決し、自分の意志によって生きる、男性的男性があまりにも少ない。安易に自分の場所に居すわり、時をかせぎながら、狡猾に自分をまもる、保身の術だけにきゅうきゅうとしている、処世術の名人ばかりだ。

彼らは気がきいて、ソツがない。

先人の手際を巧みに応用し、世間の定石だけを踏んでゆく。

彼らにとって人生は神秘ではない。

人間的信念とか、爆発するような情熱なんて不必要、それどころかむしろ、邪魔なのだ。

こんなテアイが構成する世界は、まったく読みと読みの卑しいからみあい——それだけで動いていく。

定石をよけいに知っている利口な奴が、その分だけほかより先を読んで、かならず勝つ。

そのつまらなさ。その退屈さが現代を堕落させる。

成功者がいかに空虚で、素朴で、傲慢であるか。

その典型は政界にも、経済界にも、いわゆる文化人たちの中にもごろゝしている。

読者の眼にはすでにその中の誰かの顔つきが、ありゝと浮かんできているに違いない。

敗北したものはさらに惨めだ。

ひがみ根性の塊りとなって、もはや人生をまともには見ないだろう。

悔いと羨望と嫉妬、一種のネガティヴな執念が諦めと奇妙にからみあって、皮膚の下にしみ込んでいる。

そういう卑屈にゆがんだ、弱者であると同時にエゴイストである男の顔は、見あきるほどわれわれの周囲にある。ことに中年男にそういう人相が多いのは、肉体的な弾力性を失って、決定的な敗北が身にしみているからだろう。

孤独もヘッタクレもない。

この世界ではぞろぞろとつながって、強者に対しては追従し、弱いものをいじめるのが技術であり、上ににらまれず、大したあやまちをおかさない、つまり自分自身に責任がまわらないようにしておけば、出世のコースなのだ。このような冒険と情熱のない、およそ非男性的な人間のあり方、その仕組み、気分をぼくは一口に官僚的という。

なにもお役所ばかりではない。

一般社会のすべての面に見られる現象であり、見わたすかぎり、まさに一億総官僚だ。

ウソをつくのは、自分をつらぬいていない証拠。

人にウソをつくのは、自分にウソをつくのとおなじだ。

ウソをつくのは自分の安全を願うからで、ちょっと逃げて、ごまかす。

自分をつらぬいていない証拠だよ。

自分を守ろうとしてウソをつくと、今度はそのウソに縛られて、いろいろ苦しいことになる。

逆にマイナスになって自分に返ってくる。

自分を守ろうなんて思わないで、かまわないからほんとうのことをドンドンしゃべろうと決心してごらん。

ウソなんて面倒くさくなってつかないようになる。

それがかえってきみを安全な立場にしてくれる。

きびしい父親にこどもがウソをつくのは、怖いという気持ちもあるかもしれないが、父親と自分の間に垣根をつくっているから。それだけ父と溶けあっていないわけだ。

きみがよくウソをつくなら、それはきみが自分でその垣根をつくっているからだよ。

だれとも溶けあわない、溶けあうことを自分で拒否しているから、友だちにもウソをいう。

逃げないで、〝生《なま》〟の自分を八方にひらき、ぶっつければ、自分も生きてくるし、他も生きてくる。

〝ウソも方便〟には戦略的な意味があり、ウソつきとは意味がちがう。

男女の恋に存在するウソも、ウソつきとは意味が別だ。

相手をいたわり、やさしさでウソをつくことが、恋にはある。

人生にはプラスの面でウソをひろげていく場合もある。

そういう意味でつくウソは、いい結果になって返ってくる。

でも、ウソがウソだけになってしまうと意味がない。

単なるウソ、逃げで口からすべり出るウソはいちばん意味がないな。

ほんとうの調和とは、ぶっつけあうこと。

日本では、調和というとお互いに譲りあうことだと思っている。
でも、これはほんとうの調和じゃない。
ほんとうの調和とは、お互いに意見をぶっつけ、ぶつかりあうことだ。
もちろんそれは、自分にしっかりした主張や考えがあり、
意見をたたかわせるということであって、
相手のあげ足をとったり、からんだり、わざとぶつかるということじゃない。
そんなものは八つあたりに過ぎない。
喧嘩ともちがう。
喧嘩にも、きれいな対決ときたない喧嘩がある。
その場はなんとかごまかして裏側に回っていろいろ工作したり、
殴り合って血を流したりするのはきたない喧嘩だ。
ほんとうの対決とは、自分を相手にぶっつけ、相手も自分にぶつかってきて、

お互いがそれによって活きること。
ぼくはいろいろな人と、いままで何回も激論をたたかわせたけど、
殴り合いになったり、あとに残ったということは一度もないね。

迷信なんかに負けるな。

ぼくは迷信を信じない。
迷信に負けるのは、自分自身に負けることだ。
ぼくは迷信なんかに負けたくない。

人間はみんな弱い部分がある。
その弱い部分に迷信が黒い触手をのばして入りこんで、苦しめる。
そんなときは、逆に蹴トバしてやればいい。
負けてしまうのは、迷信ではなく、
自分の自信のなさに起因していることを知るべきだな。

コピーじゃダメだ。

マネがうまい人は器用だ。たとえば、きめられたパターンを繰り返す。
これもたしかにひとつの才能だけど、芸術じゃないし、個性じゃない。
器用は芸術とは正反対のものだ。
小手先の器用さなんてむしろマイナスだよ。
どんなにうまいと評判をとっても、模倣じゃダメなんだ。
そんな評判なんかに左右されちゃいけない。
そういう評判だけでいい気になっていたら、いつまでたっても個性なんか
生まれてこない。〝個性〟が芸術なんだ。
芸術家を目指すなら、自分独自のものをひらかなければダメだ。
人のコピーじゃなくて、見たこともないようなものを描こうと思って、
やってごらん。

時間と存在価値は関係がない。

ものは時がたてば古くなる。
生命もとうぜん老化する。
それは事実だ。
でも、生まれたての若い星と、
無限の時を過ごしてふたたび爆発して消滅しようとする年をとった星と、
どちらに価値があるなんて比べようはないだろ？
おなじように人間だって、
時間と存在価値とは関係ないんだよ。
瞬間に生きているんだから

赤ん坊であり、成熟した壮年であり、老年であり。

瞬間に赤ん坊であり、
成熟した壮年であり、老年なんだ。
そのすべてなんだよ。
もっといえば、生命の輪廻《りんね》の原初、アミーバまでを含むすべてだ。
人間のいのちは、たとえ若者だろうが高齢者だろうが、
背後に何百万年、何億年という歴史、その因果を背負っている。
でなければ人間でも生命《いのち》でもありえない。
そういう絶対感を前にして、暦をめくってケチケチ記録するような、
戸籍上の年齢なんかになんの意味がある？
ぼくたちはそんなことのために生まれてきたんじゃない。

「敬老の日」なんてごまかしだ。

「老い」という言葉に、ひどくむなしさを感じる。
どこか卑しい。
九月一五日は「敬老の日」だそうだ。
敬老という言葉も嫌いだ。
悪意に近いごまかしを感じる。
だれのために、どんな人たちが祝うのか知らないが、
「老いた、だから敬いましょう」と言われて、
なんの意味があると言うのか。

老いを認めない。

老いを認めない、そうきっぱりした精神のノーブレスを一方に踏まえていなければダメだ。

近代ヒューマニズムは、「人はだれでも老いるのです。老後の幸せを考えましょう」なんて猫撫で声を出す。

その安易なモラルが、人間をいよいよむなしくしていくんだよ。

ぼくは社会保障とか福祉の充実に反対しているわけじゃない。

「老後」「余生」というような割り切り方で逆に人間をスポイルするような風潮に疑問を感じるんだ。

老熟したモメントを予感せよ。

「若い」だけでは許されない。
若さのなかにこそ、成熟し、むしろ老熟したモメントを予感して、
すでにつかまえていなくてはならない。その気配がほしい。
なるほど若者は現《うつ》し身《み》として深い人生経験はもたないだろう。
しかし「人間」は永劫《えいごう》の過去を負っている。
ただ本能とだけかたづけることのできない、アプリオリ。
痛みの蓄積。
それは無言の意志で生きつづけ、働いている。
この人間存在の二元性は、いわゆる〝おとな〟となり、
経験によって、しだいに獲得するものではない。

老いるとは、衰えることではない。

老いるとは、衰えることではない。
歳とともにますますひらき
ひらききったところで
ドウと倒れるのが死なんだ。

「老い」という言葉を追放しろ。

人は「老い」を認めるべきじゃない。
「老い」のことをあれこれ思い患らうこと、それ自体、不潔だよ。
「老」なんていう言葉、活字はこの世から追放したほうがいい。
黒アフリカのある部族には「老い」という言葉がないらしい。
老は「醜い」という語とおなじだと聞いて感心したことがある。
残酷だが、清潔な習慣だ。

死んでいくこともすばらしい。

とかく近代的モラルでは避けたがるが、安楽死の問題についてもっと正面から意見をぶつけあい、論議をつくすべきだと思う。

むなしく、ただダラダラと永らえることが生だとは、ぼくは思わない。

死を怖れて時間のなかに動揺し、ごまかして生きているよりも、絶対感のなかに、ひらききったまま、歓喜をもって無の世界に躍りこんでいく。その方がほんとうだし、人間的ではないか。

ああ生きてきてよかった。死んでいってすばらしい。

それでなければ人生はまっとうされない。

ウバステ山の伝説は一見残酷だが、実はそのような精神的な世界に送り届ける、新しく生きる楽園入りの儀式としてあったのだ。

この叡知《えいち》を現代にも生かす方法があるはずだ。

老いも死も、運命は循環していく。

戦前、中国の湖北省の田舎でぼくは偶然ある光景を目にした。母屋からちょっと離れて、ささやかな足場を組み、その上に小さな小屋が建っていた。

一畳よりわずかにひろい程度の、やっと人ひとりだけ横になれるぎりぎりの大きさだ。

そこに老人が終日ひっそりと坐っている。

食事だけは運んでくるらしいが、その小屋にひとりきりで生活している。小屋というより、大きなお棺のように見えた。

中国は敬老の国だと聞いていたが、そのあたりではこれが普通の風習のようだった。

日本にも同じような隠居小屋の制度があったし、有名な姥捨山の伝説もある。深沢七郎の書いた『楢山節考』は、老いた者がひっそり消えていく姿、

それが決して恨みや未練でジメジメしたものでなかったことを、
そしてまたその透明さによっていっそう浮かびあがる残酷さを、
見事に照らし出していた。
生命のたゆたいのない流れこそ人間生命の自然であり、高貴さではないか。
当人も悔いず、共同体全体も未練がましくない。
手をかす若者たちも、敬愛をもって優しくそれに協力する。
それはまた、いつかは彼ら自身の運命でもあるのだから。
人類全体の生命の循環。

生命の流れは自分のリズムで決める。

老いを生理的に考えるが、老いは意外にもきわめて社会的・心理的な現象だ。

他の基準に自分を当てはめてしまう人が老いるんだ。

生命の流れは自分のリズムで決めればいいのに、若者とか社会人とか、学生、サラリーマンというように、いつでも相対的なカテゴリーに自分を置いて、規制してしまう。

「三十にして立つ、四十にして不惑」。

だから「老人」のレッテルをはられれば、老人になる。

そういうことが許せない。

枠にはまることによって、自分の責任をとらない、運命に甘える口実ではないか。

流されていることに安心するな。

高齢になると、索漠《さくばく》とした環境に置かれていることに気づく。

自分でもうろたえ、はたからも惨《みじ》めに見える。

実はこの運命は、なにも老人になったからはじまったのではない。

目には見えないが、生涯を通してそうだったのだ。幼稚園から高校、大学。

テスト、テストで、すべて次の関門のためのステップでしかない。

システム社会のコンベヤーにのせられて、男はサラリーマン。女は結婚。これも就職だ。そして団地のマイホーム、と型どおりにパッケージされた生涯をたどって、定年。老境。

システマティックに流されていく。

流されているということで安心している。みんなおなじだから。

そのうえで、さて老後をどうしよう、余生の充実なんて考えたって、手遅れ、ナンセンスだ。

要は、年をとってから——ではない。現在、この瞬間に生命をひらききり、生きているかどうか、なのだ。

「成人の日」がある。二〇歳になった青年男女を集めて式典が行われる。これから大人として社会に出発するという儀礼だが、ぼくはいつも腹が立つ。今日、二〇歳の青年なんて、すでにどうしようもないオトナではないか。それぞれ自分の分際を心得て、ちゃっかり計算をたて、世の中に適応したポーズまで身につけた小市民。一目でわかる。

よく若者たちが合唱して、「しあわせなら手を叩こう、ポンポン」なんてやっている。あれを見ると、ほんとうに蹴トバしてやりたい。

あんなのは若さでは絶対にない。

人間の運命全体を引き受け、抵抗と闘いのなかに若さを爆発させるという意思のない、ふぬけどもだ。

世界は、他はどうでも、自分たちだけ楽しく、ポンポンポンと手を叩きあい、はいしあわせ。

それを裏返せば、もうほんとうの生き方をオリてしまってるということだ。
つまり腐った老人なのだ。
決定的な精神の老化現象が醜く浮かびあがっている。
そういう連中を集めて、また型どおり、お役所式のフォーマルな儀式。
あんなものに耐えられるということが、すでに青春を失い、
ニブくなっている証拠だ。
だから、あれは「老人式」だ。
「成人の日」ではなく、この日こそ「老人の日」にしたらどうか。

いま生まれたように「オギャアーッ」と叫ぼう。

デシジョンとは、ある時点において決意するものだと考えられている。

だがぼくは納得できない。

ほんとうのデシジョンは、すでにされてしまっている。されていなければならないものだと思うからだ。

だから選択・決定ではなく、本質的には再認識なのだ。

しかし、人間は弱い。迷う。すでに決定している、己れの筋、運命にとび込むことが怖ろしい。わざと目をふさぎ、自分をごまかそうとする。

迷いの多くは、自己回避にすぎない。

目的を設定した、枠内だけでのデシジョンなら簡単だが、真のデシジョンは目的を超え、己れを超えている。

無償・無目的、だからこそ人間の全存在がかかっている。

ぼくは赤ん坊が「オギャアーッ」と生まれてくる、あれがデシジョンの最初の叫び声だと思う。

目的があったり、効果を計算した、いわゆる常識的な決意ではない。

「生きる！」という無償の宣言だ。

ものごころがつき、些末な気配りが生まれ、つまり大人になると、どうしても目的的、功利的に道を選択しようとする。だから卑しくなってしまうのだ。

無償・無目的に運命にぶつかる、生きる。

現実とのズレ——その強烈な悲劇に血を流しながら、にっこり笑ってふくらんでいる。そこに人間本来のデシジョンの手応えが浮かび出るのではないか。

ぼくは毎日、朝、目をさまして、己れとその周囲を見かえすとき、いつも「オギャアーッ」と叫びたくなる。

いま生まれたように——。

平気で強烈な生き方、自由なあそび、それは生きるデシジョンをあらためてつかみ取ることなのだ。

幸福なんてこの世にはない。

ぼくは〝幸福反対論者〟だ。
幸福とは、自分に辛いことや心配なことがなにもなくて、
ぬくぬくと、安全な状態だ。
人類全体のことを考えたら、幸福なんてことはこの世にはないんだよ。
だからぼくは、幸福を〝歓喜〟という言葉に置きかえている。
危険なこと、辛いこと、つまり死と対面し対決するとき、人間は燃えあがる。
それは生きがいであり、そのときにわきおこるのが〝歓喜〟だ。

死ぬのもよし、生きるもよし、すべて無目的、無条件。

この世の中で自分を純粋につらぬこうとしたら、生きがいに賭けようとすれば、かならず絶望的な危険をともなう。「死」が現前する。だがむなしい情性的にすごせば、死の危機感は遠ざかるだろう。

死を畏れて引っ込んでしまっては、生きがいはなくなる。

今日、ほとんどの人が純粋な生と死の問題を回避している。

だから虚脱状態になるのだ。

個人財産、利害得失だけにこだわり、ひたすらマイホームの無事安全を願う、現代人のケチくささ。卑しい。

人間本来の生き方は無目的、無条件であるべきだと思う。

死ぬのもよし、生きるもよし。それが誇りだ。

ただし、その瞬間にベストをつくすことだ。

遠慮しないで、自分の好きな色でひらききればいい。

京都や奈良などには、洗練された色感があると思うかもしれない。
たしかに京都や奈良の古いものは、歴史の深さを浮きあがらせてはいる。
でもそれは限られた世界であって、しかも過去のものだろう。
日本人はもっと遠慮しないで、自分の好きな色をひらききればいいんだ。
自分の好きな色調を、平気で、自信をもって生活に押し出せば、
かがやいてくる。
それぞれの色の個性がぶつかりあえば、
逆に全体にハーモニーが浮かびあがってくる。
それが色の持つ不思議さだ。
漁船が大漁旗を立てるだろう。
あの旗やノボリを見たってわかる。
華やかで素晴らしいじゃないか。

そう感じるのは華麗な色彩の大漁旗から、漁師たちの厳しい生き方、そのなかから噴きあがる喜びがあふれているからだ。

生活を自分たちの色で歌っているからだよ。

原色を使うことで、ぼくはどれだけ憎まれ悪口を言われてきたかわからない。

でも、ぼくは現代日本の色彩の貧しさ、鈍さに息がつまるんだ。

だから、原色をあえてぶっつけて絵を描く。

そこに芸術の本質がある。

それは〝挑戦〟だ。

血を流しながら、にっこり笑おう。

ぼく自身、これからもわが運命を
〝挑み〟の意志の実験台にしてやる
とますます決意している。
たしかに危険な道だ。
常に死の予感に戦慄する。
だが死に対面したときにこそ
生の歓喜がぞくぞくとわきあがるのだ。
血を流しながら、にっこり笑おう。

ぼくはきみの心のなかに生きている。

ぼくはきみの心のなかに生きている。
心のなかの岡本太郎と出会いたいときに出会えばいい。
そのときのぼくがどんな顔をしているかは、きみ次第だ。
ぼくはきみの心のなかに実在している。
疑う必要はいっさいないさ。
そうだろ？

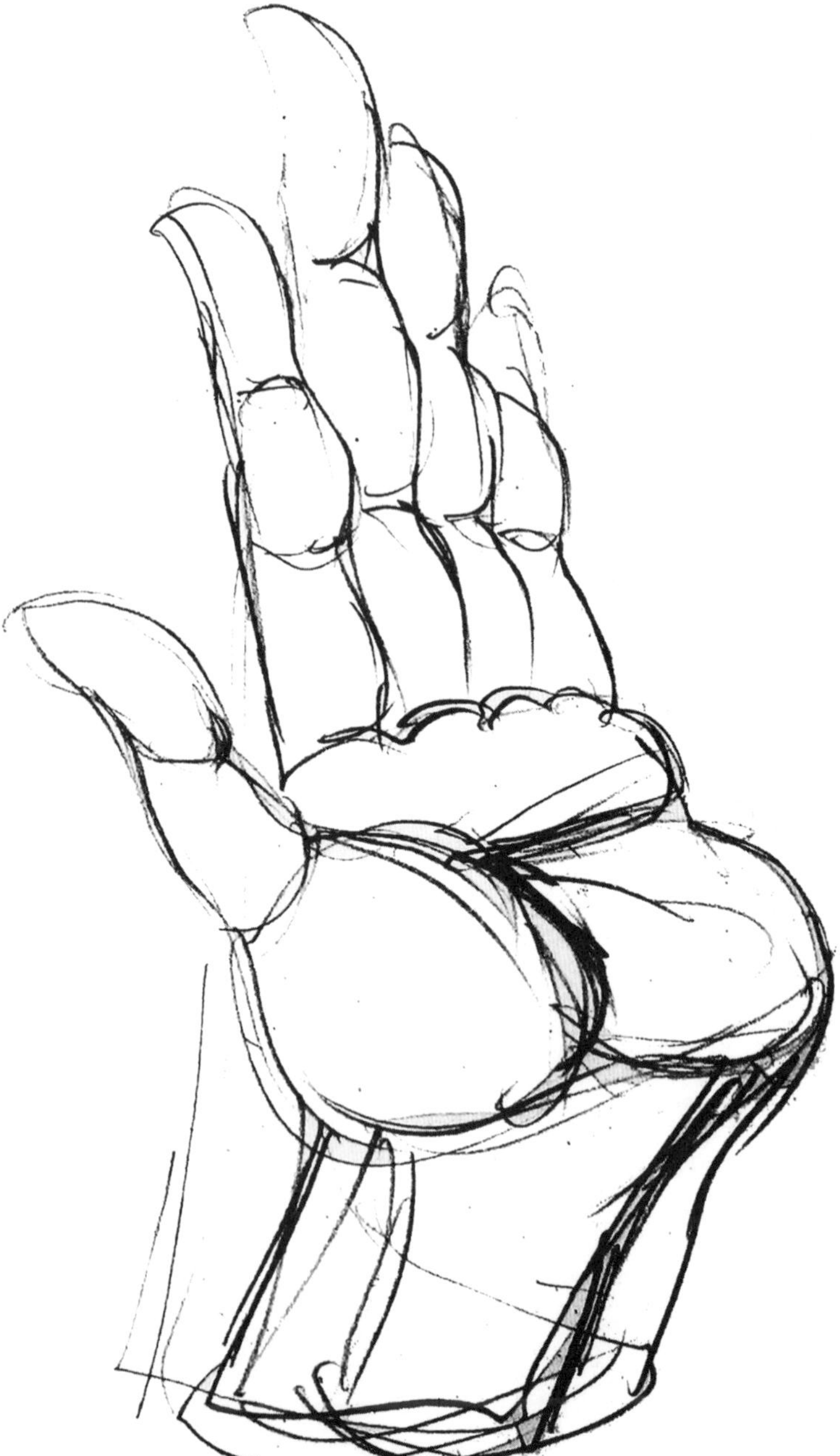

孤独と絶対感、そして生きる〝スジ〟

平野暁臣

プライドとは絶対感だ。

バカだろうと、非力であろうと、それがオレだ、と堂々と押し出す。それがほんとうのプライドだ。

岡本太郎はそう言いました。自分のなかに「人がちょっとだけ認めてくれるところ」や「人よりわずかに優っている点」を見つけて内心でほくそ笑み、プライドとしてしまい込む。だれもが無意識にやっていることですが、それはちがう、そうじゃないんだと言っているわけです。

他人の評価や他者との比較に誇らしい価値なんかあるわけがない。誇るべきは「人からどう見られているか」ではなく「己れであること」であり、やるべきはこっそり自尊心を満たすことではなく、ありのままの自分を堂々と押し出すことだ。

この人生哲学を、太郎は生涯をかけてまっとうします。

戦後日本で活動を再開した直後から、権威主義に硬直する画壇に公然と楯をつき、ワビサビ型の「和の伝統」を全否定。色音痴と罵《ののし》られながらも原色の絵を描きつづけ、常識外れの作品をつぎつぎと社会に送り出しました。

己れを信じ、己れをつらぬき、己れを突き出す。

群れない、媚びない、ブレない。

それが〝岡本太郎〟という生き方です。

熾烈《しれつ》な批判や誤解を浴びながら、最期まで〝岡本太郎〟をやりとおした太郎は、さぞ孤独だったろうと思います。でも太郎は孤独から逃げませんでした。それどころか自ら進んで孤独をつかみにいったようにさえ見えます。

孤独こそ人間が強烈に生きるバネだ。そう確信していたからです。

岡本太郎の「孤独」とは、まわりの目に動ぜず、自分自身にも妥協せず、誇らかに己れをつらぬきとおすこと。自閉でもなければ自嘲でもなく、外に自分を突き出す社会的な行動《アクション》です。逆にいえば、「絶対感」を信じて自分を押し出したときにはじめて、ひとは孤独と出会うことができる。太郎にとって孤独と絶対感は一体であり、ほとんど同義でした。

孤独と絶対感。

それこそが岡本太郎という生き方の核心であり、この本のテーマです。

ぼくたちはみな「人からどう見られているか」に右往左往しながら生きているし、周囲の期待に応えられなければ「オレはなんてダメなんだろう」と落ち込みます。うまくことが運ばないときには「だれもオレのことをわかってくれない」と絶望し、孤独感が襲ってきます。

そういうところがダメなんだ。太郎はきっと憤るでしょう。そんなのは甘えだ。自分を責めることで慰め、ごまかしているだけじゃないか。ありのままの自分自身と対峙せよ、と。

そんなことを言われてもムリだ。太郎は実践できたかもしれないけれど、凡人にやれることじゃない。だれもが太郎のように強くはないんだから。そう思われるかもしれません。

そのとおりだとぼくも思います。ただ、この見方にはひとつだけ誤解があります。

太郎は生まれながらの鉄人ではないし、じつは鉄人だったわけでもないのです。太郎だってぼくたちとおなじ普通の男です。ちがうところがあったとすれば、ただひとつ。腹をくくって「孤独」を決意し、死ぬまでやりとおした。そこだけです。これがオレだ！という誇りと決意。それを太郎は〝スジ〟と呼びました。生きている以上はつらぬくべきスジがある。自分自身の生きるスジはだれにも渡してはならない。そんな使い方です。

太郎に太郎のスジがあるように、ぼくたちにもそれぞれのスジがある。生きるスジをつらぬくことができれば、誇るべき孤独とほんとうのプライドを手にできる。太郎の生き方を見るとそれがわかります。なにより太郎の実践がそれを証明しています。

〝まわりの目に動ぜず、自分自身にも妥協せず、誇らかに己れをつらぬきとおせ！〟

面と向かってこう言われたら尻尾を巻いて逃げ出したくなるけれど、じつは太郎が言っているのはそんなにむずかしいことではありません。

ヘマでもいいし、弱くたっていい。失敗してもいいし、負けたっていい。たったひとりの自分をつらぬいて生きる。それでいいじゃないか。誇りをもって自分を突き出せばいいんだよ。だれもがみんな、取って代わることのできない絶対的な存在なんだから――。

〝君は君のままでいい。弱いなら弱いまま、誇らかに生きてみろよ。〟

そう言っているだけなのです。

どんなにがんばったところで、ぼくはぼく以外になりようがないし、ぼくのまま生きるほかありません。自分を責めたり嘆いたりしても仕方がないし、ぼくなりの生きるスジを見定めてつらぬくしかない。みんなおなじです。

ほんとうの自分とはなにか。むずかしい問題ですが、少なくとも「人からどう見られているか」でないことだけはたしかです。

自分はなにをやりたいのか、なにをやるのか、なにをやったのか――。けっきょくはそれだけなのかもしれません。

岡本太郎は生涯をかけてそれを教えてくれたのだとぼくは思います。

出典一覧

書籍

『今日の芸術』岡本太郎　光文社　１９５４
『私の現代芸術』岡本太郎　新潮社　１９６３
『岡本太郎の眼』岡本太郎　朝日新聞社　１９６６
『今日をひらく　太陽との対話』岡本太郎　講談社　１９６７
『原色の呪文』岡本太郎　文芸春秋　１９６８
『美の呪力』岡本太郎　新潮社　１９７１
『にらめっこ』岡本太郎　番町書房　１９７５
『にらめっこ問答』岡本太郎　集英社　１９８０
『人生は夢　にらめっこ問答』岡本太郎　集英社　１９８１
『自分の中に毒を持て』岡本太郎　青春出版社　１９９３
『眼　美しく怒れ』岡本太郎／岡本敏子編　チクマ秀版社　１９９８
『芸術は爆発だ！　岡本太郎痛快語録』岡本敏子　小学館文庫　１９９９
『疾走する自画像』岡本太郎　みすず書房　２００１
『自分の運命に楯を突け』岡本太郎　青春出版社　２０１４

雑誌・新聞記事

『東風西風』読売新聞　１９６９
『日記から』朝日新聞　１９７５
『自伝抄』読売新聞　１９７６
『老いない論　爆発するいのち』朝日ジャーナル　１９７２

孤独《こどく》がきみを強《つよ》くする

2016年12月 5 日　初版第 1 刷発行
2024年12月15日　　　第16刷発行

著者　岡本太郎《おかもとたろう》
プロデュース・構成　平野暁臣

発行者　笹田大治
発行所　株式会社興陽館
〒113-0024
東京都文京区西片1-17-8 KSビル
TEL 03-5840-7820
FAX 03-5840-7954
URL https://www.koyokan.co.jp

装丁　小口翔平+上坊菜々子+岩永香穂（tobufune）
校正　新名哲明
編集人　本田道生
印刷　恵友印刷株式会社
DTP　有限会社ザイン
製本　ナショナル製本協同組合

Printed in Japan
ISBN978-4-87723-195-8 C0095